Les addictions à Internet

Dr Michel Hautefeuille
Dr Dan Véléa

Les addictions à Internet

De l'ennui à la dépendance

Petite Bibliothèque Payot

Retrouvez l'ensemble des parutions
des Éditions Payot & Rivages sur

payot-rivages.fr

Note de l'éditeur. La présente édition de poche a été revue, augmentée et actualisée par rapport à celle de 2010.

106, boulevard Saint-Germain, 75006 Paris.

PRÉFACE À L'ÉDITION DE POCHE
(2014)

La première édition de cet ouvrage a paru en avril 2010. Nous faisions alors l'état des lieux et des pathologies induites par cette nouvelle technique d'information et de communication que représentait Internet. En quelques années, les mécanismes mêmes sont restés identiques à ceux que nous décrivions, seule l'ampleur du problème a changé, le développement exponentiel d'Internet entraînant une augmentation parallèle des conduites pathologiques.

Le plus impressionnant des changements est probablement le développement de ce phénomène dans des tranches d'âge plus élevées que par le passé. Pour exemple, le commerce électronique continue de progresser en France, dépassant de loin toutes les prévisions des économistes spécialisés dans l'e-commerce.

Avec 45 milliards d'euros en 2012, le marché de la vente en ligne en France maintient sa progression :

19 % de croissance. C'est la plus forte progression d'Europe, derrière celle de la Pologne (24 %). Les ventes de Noël (de novembre à décembre) ont représenté à elles seules 20 % du chiffre d'affaires de l'année, soit 9 milliards d'euros [1]. Au second trimestre 2013, le chiffre d'affaires du commerce électronique en France a progressé de 12,9 % par rapport au second trimestre 2012 [2].

Cette explosion est également à mettre en parallèle avec l'apparition d'un nouveau mode de fonctionnement lié aux technologies, celui du multitâche. De nouveaux outils permettent à la fois de recevoir Internet, de consulter ses mails, de chatter, de prendre des photos, d'enregistrer des vidéos et accessoirement de téléphoner. Ainsi, répondre au téléphone pendant la consultation des pages web ou des réseaux sociaux, en regardant son émission favorite à la télé, avoir une autre activité simultanément, sont devenus des modes de fonctionnement très courants. La seule contrainte de limitation du développement technique et de la miniaturisation semble être celle inhérente à l'homme lui-même : la taille des doigts ou les performances cérébrales nécessaires pour absorber autant d'informations.

Ce mode de fonctionnement peut s'avérer improductif à long terme, car notre cerveau gère difficilement ces contraintes cognitives : attention, raisonnement et vigilance se retrouvent diminuées, voire en incapacité. Ce phénomène, le *kindling* ou l'embrasement, est l'un des facteurs de burn-out chez des salariés submergés par des contraintes de travail en mode multitâche, salariés incapables de gérer cette nouvelle forme de stress quotidien. Ces nouveaux outils nécessitent donc un nouvel apprentissage pour un usage raisonné des nouvelles technologies. Malheureusement, cela peut sembler utopique à l'époque de l'urgence, de l'impériosité, de la vitesse et de l'éphémère.

INTRODUCTION

Depuis le milieu des années 1980, notre société a subi de profonds bouleversements qui concernent aussi bien l'environnement quotidien que le système de valeurs censé structurer, organiser et donner sens à l'ensemble.

Même si les termes de la citation prêtent à débat, Malraux aurait dit que « le XXIe siècle sera spirituel ou ne sera pas ». Qu'il ait employé le terme de spirituel, de religieux ou de mystique, nous voyons bien que notre monde actuel, hypermatérialiste, individualiste et consumériste, ne semble pas s'engager dans la direction de l'être au sens où l'entendait Malraux.

Cette crise de sens des sociétés industrielles aboutit à un sentiment de panique générale où chacun, pour son propre compte, poursuit des chimères dont il ne connaît ni l'origine, ni la signification, ni le but. Cette agitation universelle trouve ses objets, par exemple, dans les nouvelles techniques de communication, dans la folie du zapping, dans l'intolérance à la frustration ou à l'attente, et aboutit à la disparition du désir. La société de ce début de XXIe siècle fonctionne comme le toxicomane des années 1980 qui s'abîmait, dans tous les sens du terme, dans le « tout, tout de suite ».

Cette frénésie tous azimuts, cette fuite en avant, cette hyperactivité généralisée cherchent à masquer la crainte principale qui agite notre époque, celle de l'ennui.

L'ennui est au mieux considéré comme une perte de temps, comme l'inexploitation d'un potentiel ainsi gâché, comme un laisser-aller inacceptable. Au pire, il est vécu comme un équivalent de mort, un abîme de vide qui rendrait fou.

Devant cette menace commune, le courage semble résider dans la fuite.

Les stratégies de fuite sont multiples : de la recherche effrénée de compétition à l'oubli dans les médicaments (la France est en Europe le pays où l'on consomme le plus de psychotropes) ou les drogues, du dopage au quotidien aux attitudes multiples de zapping, échapper à la réalité est devenu l'obsession de tous.

Échapper à la réalité pour confectionner une vie où, par une frénésie de consommation, les objets du bonheur remplacent le bonheur lui-même, où une vie réinventée et virtuelle remplace la vie réelle.

Dans cette optique, un outil devient emblématique de cette quête : Internet.

Le succès d'Internet, comme on le verra, est son aptitude à répondre à tous les questionnements que l'on vient d'évoquer, à combler tous les manques que nos contemporains subissent ou, le plus souvent, ont peur de subir. Internet est devenu le support de toutes les substitutions. Le nouveau monde est un cybermonde générant à la fois ces possibilités de résolution mais également porteur de doutes, d'angoisses et d'effets paradoxaux.

Parmi toutes les angoisses que peuvent ressentir les parents au sujet de leurs enfants, celles concernant la gestion des objets que façonne le progrès se trouvent au premier plan. Qu'il s'agisse de la télévision, du baladeur, des jeux vidéo ou des téléphones portables, la question s'est toujours posée dans les mêmes termes : est-ce un réel danger, peut-il y avoir abus, comment prévenir les risques, doit-on autoriser ou interdire ?

La survenue d'Internet n'échappe ni à ces questionnements ni à ces craintes.

C'est aussi une des ambitions de ce livre que de faire à la fois le point sur la situation actuelle, mais aussi de démêler les justes préoccupations des craintes injustifiées, et de définir le cadre d'un bon usage de cet outil Internet qui s'est installé, évidemment de façon durable, dans notre vie quotidienne.

C'est par le terme de progrès que l'on désigne généralement l'évolution des sciences et des techniques. Celui-ci permet de rendre concret aujourd'hui ce qui passait pour impossible ou utopique hier. Le progrès, cette précision fatale dont parle Valéry [1], est régulièrement considéré comme porteur de malheurs, de dangers ou de nouveaux fléaux qui viendraient porter le dernier coup fatal à une condition humaine déjà mal en point. Mais le progrès peut être également l'objet d'espoirs supposés fonder les prémices d'un monde meilleur.

Une société qui veut évoluer se doit donc de définir le cadre d'un usage socialement, éthiquement, économiquement et individuellement acceptable.

Internet a révolutionné le monde de la circulation des données. Par cet outil nous entrons dans un « cybermonde où durées et distances sont contractées… Internet n'est pas une nouvelle technologie mais un système intégré de partage de ressources [2] ». Ce nouvel outil a modifié de façon radicale notre quotidien comme l'avaient fait par le passé les chemins de fer, l'électricité ou le téléphone. Comme tout nouvel objet, il doit s'accompagner d'une pédagogie pour définir les conditions d'un bon usage. Cette pédagogie est à faire non seulement auprès des jeunes mais aussi, et peut-être même en premier lieu, auprès des adultes et des parents.

Le sociologue américain Herbert Marshall McLuhan avait déjà constaté dans deux de ses plus célèbres ouvrages – *The Gutenberg Galaxy* [3] et *War and Peace in the Global Village* [4] – l'impact psychologique des nouvelles technologies sur le comportement et l'évolution des êtres humains. Déjà l'inquiétude était manifeste devant l'impact sociopolitique de la révolution technique et scientifique, les technologies modernes apparaissant comme difficilement maîtrisables. La mise en cause du système géopolitique dans son entier se concrétisa par l'apparition d'un nouveau concept, celui du « village planétaire ».

Mais, si la planète est devenue un village, c'est aussi parce qu'Internet en a modifié les contours et les distances. Les informations circulent à la vitesse de la lumière. L'autre bout du monde est devenu la porte à côté.

L'apparition et le développement de l'Internet, le « réseau des réseaux », fruit du mariage du savoir-faire dans les domaines des télécommunications, des techniques d'imagerie et de visualisation les plus perfectionnées et des technologies informatiques alliant puissance, rapidité, finesse, est une des plus remarquables réalisations du XXe siècle.

Le parallèle entre l'invention de la typographie et celle d'Internet est assez pertinent. L'invention de Gutenberg en 1456 avait eu pour conséquence directe l'apparition du livre personnel. Les Gutenberg modernes sont Steve Jobs et Steven Wozniak, inventeurs de l'ordinateur personnel (PC signifiant *personal computer*). L'apparition de celui-ci, comme celle du livre il y a sept siècles, va générer le passage à un niveau supérieur de la conscience humaine. Celle-ci acquiert un accès de qualité aux connaissances du monde, avec une vélocité, une possibilité de partage et de liaison extraordinaires – source d'une révolution socio-économique, morale et culturelle.

Mais, comme tout outil nouveau, Internet s'est vu taxer de toutes les qualités mais aussi de tous les défauts.

Au rayon des qualités nous citerons : la plus géniale des inventions, une révolution dans la communication, véritable autoroute de l'information, voie ouverte vers le monde et excellent moyen de socialisation offrant la possibilité, donnée à un maximum de personnes, d'entrer en communication librement, indépendamment de leur localisation sur le globe. Outre la rapidité de la transmission des informations et ses répercussions tant au niveau de la circulation des idées qu'au niveau économique, Internet est également un formidable outil d'éducation aux qualités indéniables en termes d'apprentissage. Il allie les avantages offerts par la facilité de communication sans frontières et sans limites, la convivialité de travail, la qualité, la précision et la rapidité des moyens de recherche, l'étendue de ses réseaux, mais aussi ceux d'un espace ludique interactif et d'un moyen sans précédent en termes d'accessibilité pour effectuer des échanges et des achats *on line*. Mais le plus attrayant : reste le développement du monde virtuel.

Comme le dit J. G. Ballard : « Cela représente le plus grand événement dans l'évolution de l'humanité. Pour la première fois, l'espèce humaine sera capable de nier la réalité et de lui substituer sa vision préférée. »

La question qui se pose est de savoir s'il y a complémentarité entre les deux mondes, plus précisément si le monde virtuel n'est pas en train de se substituer au monde réel. Le monde réel serait celui de l'ennui, de la grisaille et de la frustration, le monde virtuel apparaissant effectivement plus disponible, plus prometteur, plus facile à vivre et à supporter, et donc plus maîtrisable. Ce monde virtuel devient quasiment un projet de société. Nous voyons donc qu'Internet répond à l'ennui sous toutes ses formes que ce soient celles de l'ennui général, sociétal, celui que notre société dans sa totalité ressent ou combat, ou que ce soit l'ennui existentiel, individuel, par exemple de l'adolescent en train de se construire.

Ce qui, nous le verrons, n'est pas sans poser problème, notamment par rapport à certains jeunes qui ont à affronter cette dimension d'ennui caricaturalement présente à l'adolescence et pour lesquels la virtualité devient un refuge et risque, par voie de conséquence d'être un outil de repli sur soi-même, voire de rejet de l'entourage.

A contrario, au rayon des défauts, Internet serait une réponse immédiatement efficace à l'ennui, un parfait moyen d'aliénation et d'abrutissement de la société en général, le lieu secret où tout est possible sans aucun contrôle (rencontres énigmatiques, sectes, néonazis), un moyen de désinvestissement de la réalité. Mais le principal défaut réside probablement dans le fait qu'Internet est un lieu public où l'application du droit semble particulièrement difficile, avec pour conséquence la présence de multiples dangers : escroqueries, détournements de mineurs, informations erronées, non vérifiables ou peu compréhensibles, sites dangereux, manipulations en tout genre.

Là aussi, les jeunes peuvent être une cible de choix. Mais il apparaît important de signaler que les dangers ne sont pas tous de même nature, et qu'il convient de différencier ceux inhérents aux rencontres quelles qu'elles soient de ceux inhérents à la personnalité de l'utilisateur.

L'enfer, ce sont les autres : les dangers inhérents aux « rencontres » sur Internet

Si le mot « rencontres » est entre guillemets, c'est que nous entendons ce mot au sens large du terme : c'est à la fois la rencontre d'individus parfois dangereux ou néfastes pour les jeunes, mais c'est aussi la rencontre avec des sites dont le contenu peut être toxique : sites racistes, violents, pornographiques, idéologiques, sectaires, etc.

Le développement considérable d'Internet s'est accompagné de la création et du développement non moins considérable d'une criminalité en ligne. Ainsi les services de police constatent par exemple l'utilisation de ce réseau dans le cadre de la pédophilie. Certains pédophiles utilisent Internet pour rencontrer des enfants, leur fixer des rendez-vous réels, les convaincre de sortir de chez eux et parfois même organiser des rapts. Ainsi, en 1998, le nombre d'enfants nord-américains qui en ont été victimes s'élevait à huit cents. Pour répondre à cette situation, les autorités canadiennes ont décidé d'élaborer une politique nationale spécialement dédiée à la protection des enfants, ce qui, depuis, a porté ses fruits.

Internet doit être considéré comme un lieu public où les enfants sont exposés au même type de dangers que dans la rue. Cette toile « mitée par des accrocs », comme le titrait *Libération* le 9 février 2001, peut être un lieu de grande insécurité. Il serait donc imprudent de laisser les jeunes internautes traîner leur ennui et naviguer sur le Net sans la moindre surveillance, sans la moindre information ou sans le moindre accompagnement. Mais, à l'inverse, il serait dommageable de les priver d'un outil qui fait ou fera partie de leur quotidien.

Apprendre aux enfants à se familiariser avec ce nouvel espace nécessite, de la part des parents ou des adultes qui en ont la charge, une surveillance et une éducation afin qu'ils puissent se protéger par eux-mêmes et éviter ainsi de se mettre en situation de danger. Nous reviendrons sur cet aspect en termes tant de pédagogie que d'éducation.

L'enfer, c'est soi-même : les dangers inhérents à la personnalité de l'utilisateur

Tout objet peut être de la part de certaines personnes ou de certains jeunes utilisé de façon excessive. Cette utilisation se fait aux dépens des autres pôles d'intérêt qui permettent de se construire une vie considérée comme équilibrée. Il en va de même pour Internet. L'usage abusif, que ce soit par les chats ou les jeux en ligne, peut entraîner une sorte de désocialisation souvent traduite par un repli sur soi ou par des problèmes scolaires, voire une véritable déscolarisation. Lorsque le mésusage prend de telles proportions, nous sommes alors dans le domaine de la pathologie et plus particulièrement dans celui des conduites addictives. Nous entendons par conduites addictives toute « relation de dépendance plus ou moins aliénante pour l'individu et plus ou moins acceptée, voire totalement rejetée, par l'environnement social de ce dernier à l'égard d'un produit (drogue, tabac, alcool), d'une situation (relation amoureuse) ou d'une pratique (jeu, sport, Internet) [5] ».

Cette définition montre à l'évidence que tout usage n'est pas problématique. Le problème n'est plus de savoir s'il faut être pour ou contre Internet mais de savoir, pour les enfants comme pour les adultes, comment intégrer ce nouvel espace-temps tant du point de vue scolaire, professionnel que de celui du loisir. Force est de constater tout de même qu'une écrasante majorité de jeunes ont un usage raisonnable de ce nouvel outil technologique qui concourt ainsi à leur inscription dans leur époque. Une enquête, menée par la commission de Bruxelles dans les vingt-sept pays de l'Union plus la Norvège et l'Islande, a été diligentée afin de concevoir un nouveau programme visant à promouvoir un Internet plus sûr, programme qui est sorti en février 2008 [6].

Cette enquête montre que les jeunes sont de plus en plus à l'aise avec la manipulation de cet outil mais souligne aussi les risques auxquels cette utilisation les expose, s'il n'y a pas de contrôle. Cette enquête met en évidence le fait que la majorité des enfants interrogés (9-14 ans) sont conscients à la fois des risques inhérents aux sites visités mais qu'ils n'ignorent pas non plus les risques de dépendance liés à l'usage d'Internet. Généralement ce sont les parents qui définissent les limites d'utilisation ou les recommandations d'un bon usage de ce nouvel outil : par exemple le fait de ne pas communiquer son nom ou son adresse. Ce contrôle parental est plus ou moins bien accepté par les enfants. Certains parents préfèrent installer des filtres afin que leur progéniture n'ait pas accès à certains sites. Malgré cette éducation ou ces précautions, certains enfants signalent tout de même la gêne que leur procure l'apparition de certaines images (pornographiques ou violentes) lors de leur navigation sur Internet. Souvent ils n'osent pas en parler aux adultes de peur que ceux-ci ne restreignent trop l'accès à Internet. L'utilisation de celui-ci par les jeunes semble concerner essentiellement les jeux en ligne et la recherche d'information pour leur travail scolaire. En troisième position viennent les chats principalement fréquentés par les filles.

La loi de Ledermann : et pourtant, certains n'en font pas une maladie

Il n'en demeure pas moins que plus un outil est répandu et plus le nombre de personnes qui entretiendront un rapport pathologique à cet objet risque d'être élevé. Ce principe, énoncé par un chercheur, statisticien à l'Institut national d'études statistiques (INED), est décrit par une loi qui porte son nom, la loi de Ledermann [7]. Celle-ci, initialement édictée par rapport à la consommation d'alcool et à son usage abusif, propose une lecture intéressante du développement des comportements de masse. « La proportion de buveurs excessifs tend à diminuer lorsque la consommation de l'ensemble de la population diminue et à augmenter lorsque celle-ci s'accroît [8]. » Il est important de comprendre que cette augmentation n'est pas linéaire. Ainsi, vis-à-vis de certains usages, lorsque la fréquence de celui-ci double, le nombre de personnes développant un comportement pathologique sera multiplié par un facteur supérieur à 2.

Ce principe est bien sûr applicable à Internet. Lorsque le nombre de personnes ayant un rapport à Internet se compte, rien qu'au niveau français, en termes de millions d'usagers [9], il est normal ou tout au moins compréhensible que quelques dizaines ou centaines de milliers en aient un usage problématique. Ce sont ces personnes ou leur entourage que nous commençons à recevoir de plus en plus nombreux dans nos consultations.

C'est seulement dans le cas d'un usage pathologique que nous sommes amenés à parler de cyberdépendance ou de cyberaddiction.

Dans le terme de cyberaddiction, l'élément important est le mot « addiction ». Parmi tous ces enfants qui sont nés « une souris dans la main », un certain nombre développeront, selon la loi de Ledermann, un usage excessif pouvant déboucher sur une véritable dépendance.

Où est la part de vérité, Internet diabolique ou Internet angélique ? Voilà en résumé le sujet de cet ouvrage dans lequel nous nous efforcerons de montrer quels sont les risques d'Internet et quelles sont les manières (éducatives, de prévention, socioculturelles) de parer à ces éventualités.

Lorsqu'en 1996 nous avons été les premiers à signaler le potentiel addictif du monde Web [10], cette problématique ne retenait pas tellement l'attention et avait même plutôt tendance à faire sourire. Mais, depuis, de nombreux articles scientifiques, des faits divers, des émissions télé sont venus souligner la réalité de ce que nous annoncions. Avec le développement des jeux en ligne, de la sexualité Internet, de la communication addictive, de l'infolisme, etc.

Cyberdépendance et dépendances cyberassistées

Il semble donc nécessaire de remettre la cyberaddiction à sa place entre déni et dramatisation. Déni qui laisse dire à certains que la cyberaddiction est une vue de l'esprit qui ne correspond à aucune réalité clinique ou sociologique. Dramatisation qui consiste à penser que tout enfant ayant un usage quelconque de l'informatique ou d'Internet deviendra dépendant.

C'est en effet une des critiques les plus fréquemment avancées, celle de la perte de contrôle et d'un certain rapport à la réalité avec les troubles inhérents aux dangers du virtuel.

Il faut se souvenir que toutes les nouvelles inventions ont toujours été suspectées de cet effet négatif sur les jeunes qui les utilisaient. Ce fut le cas avec le baladeur qui allait emprisonner les enfants dans une bulle de musique les rendant sourds au monde extérieur, ou des jeux vidéo qui les rendraient épileptiques. Là aussi, force est de constater que les risques réels furent moins importants qu'on n'avait pu le craindre.

La nouveauté avec Internet, c'est la prise en compte de ce qu'on appelle la réalité virtuelle. En effet, la plupart des domaines de la vie courante peuvent et pourront un jour bénéficier de la réalité virtuelle. Le domaine ludique et culturel, l'éducation, mais aussi la haute technologie – militaire, aéronautique –, la médecine exploratrice et interventionniste sont déjà des domaines privilégiés de recherche. Le jeu est un des principaux terrains d'application de la réalité virtuelle. Le joueur est plongé dans un monde imaginaire où tous ses fantasmes sont autorisés et réalisables. La perception et l'amplification de certaines sensations (visuelles, sonores et bientôt tactiles) sont facilitées par l'existence de nouveaux périphériques. Un système de réalité virtuelle est une simulation par ordinateur dans laquelle le graphisme est utilisé pour créer un monde qui semble réaliste. Le monde synthétisé n'est pas statique, il répond aux ordres de l'utilisateur (gestes, paroles ou toutes autres commandes extérieures). On imagine l'impact que peut avoir une telle possibilité chez certains utilisateurs. Un autre aspect très important est celui du lien que crée le jeu, entre les joueurs dans une même guilde ou entre les guildes. On constate alors un phénomène d'interdépendance qui s'entremêle avec le potentiel addictif pur des jeux.

Le potentiel addictif de la réalité virtuelle se révèle par la cyberdépendance et signe l'appartenance de celle-ci aux « toxicomanies sans drogues ». Cependant nous verrons qu'il convient de différencier la cyberdépendance d'autres conduites où Internet n'est que l'objet permettant d'assouvir son addiction.

C'est pourquoi nous proposons de différencier la cyberdépendance et les dépendances cyber-assistées.

Les nouveaux mondes virtuels représentent des refuges possibles et attractifs pour les personnes ayant du mal à communiquer dans un « face-à-face ». Le monde virtuel facilitera la communication et la vie affective de ces personnes, souvent au détriment de leur insertion dans la vie réelle. Le développement d'une dépendance au monde virtuel, concomitant au « boom » des nouvelles technologies est l'expression de la « société de désinhibition » et des « maladies de la modernité » dont parle Alain Ehrenberg [11].

Nous sommes donc dans une inversion du rapport à la réalité ainsi que Jean Baudrillard la décrivait dès 1981 : « Il n'est plus possible de partir du réel et de fabriquer de l'irréel, de l'imaginaire à partir des données du réel. Le processus sera plutôt inverse : ce sera de mettre en place des situations décentrées, des modèles de simulation et de s'ingénier à leur donner les couleurs du réel, du banal, du vécu, de réinventer le réel comme fiction, précisément parce qu'il a disparu de notre vie [12]. »

Bien évidemment, une cohabitation raisonnable entre virtuel et réel est possible, à condition de connaître cet outil Internet, d'en appréhender les dangers et les limites et d'apprendre à le maîtriser.

Cet ouvrage cherche à fournir quelques outils dans le travail de pédagogie nécessaire à une intégration raisonnée de cette nouvelle technologie dans notre quotidien et dans celui de nos enfants.

Par l'étude de certaines situations, nous chercherons à comprendre comment et pourquoi l'usage d'Internet peut devenir problématique. Nous repérerons ce moment particulier où un comportement normal peut devenir pathologique. À partir de quand ce comportement jusqu'ici socialement adapté, devient, par un mécanisme de centration, l'unique activité, l'unique pôle d'intérêt dans la vie du sujet. À partir de quand cet objet Internet devient un outil d'aliénation tel que les usagers eux-mêmes se définissent comme des « *hard-gamers* » ou des « *no life* » et se retrouvent sans vie comme les punks des années 1980 se retrouvaient sans futur (« *no future* »). Nous verrons la différence essentielle qu'il convient de faire entre la cyberaddiction et les autres types de comportements qui vont être majorés mais pour lesquels Internet ne représente qu'un moyen de réalisation.

Mais, avant d'aborder tous ces points essentiels, il convient de bien comprendre ce qu'est une addiction, à partir de quel moment il est possible de parler de dépendance et en quoi Internet entraînerait une symptomatologie particulière.

CHAPITRE PREMIER

Les toxicomanies sans drogues

Pour le grand public, la notion de toxicomanie est souvent associée à une double représentation : celle de la dépendance, vécue comme négative et inextricable ; celle d'un produit, la drogue, objet satanique à l'origine de tous les malheurs. L'image classique du toxicomane est celle qui a été construite dans les années 1970 autour de l'héroïnomane empêtré dans sa dépendance, sa souffrance et son incapacité à pouvoir modifier son destin.

La toxicomanie à l'héroïne est ainsi l'archétype de la toxicomanie avec sa double dépendance physique et psychologique créée par un produit dérivé des opiacés, l'héroïne. Cependant, même dans ce cas, il apparaît que le principal moteur de la souffrance du sujet, le mécanisme qui va le pousser bien souvent à rechuter, n'est pas la dépendance physique, mais la dépendance psychologique. Comme le fumeur de tabac, le toxicomane a décroché de son produit au moins une fois dans sa vie. Et, comme le fumeur de tabac, au bout de quelques heures, jours ou mois, s'il n'y a pas eu de prise en charge thérapeutique adéquate, la rechute a été provoquée par cette dépendance psychologique.

Ces mécanismes avaient été pressentis par un psychanalyste américain, Otto Fenichel, qui, dès 1946, avait parlé de « toxicomanie sans drogues [1] ». Il montrait ainsi qu'un comportement peut générer une dépendance équivalente à une toxicomanie. Le premier, il proposa de regrouper ces comportements dans ce que l'on appelle maintenant les « troubles du contrôle des impulsions ». Ce regroupement sous le terme de « toxicomanie sans drogues » était la préfiguration de ce que nous appelons addictions.

Ces connaissances sont applicables à toutes les addictions comportementales telles que le jeu pathologique, les troubles des conduites alimentaires, le sexe, les achats compulsifs, de même que la dépendance Internet ou cyberdépendance.

Elles ont pour dénominateur commun ces mécanismes de dépendance à l'origine de l'addiction, dans lesquels un comportement par exemple s'avérera jouer un rôle tout aussi envahissant que n'importe quel produit. Il est possible de dire que les « toxicomanies sans drogues » illustrent et regroupent de manière descriptive, théorique, thérapeutique, les conduites de dépendance, dues aux troubles de comportements.

Afin d'essayer de définir un modèle descriptif valable pour les accros d'Internet, une rétrospective de la notion d'addiction semble de première importance.

La notion d'addiction : comment le piège se construit

Le terme *ad-dicere* désignait dans le droit romain la contrainte du corps : notion liée à l'esclavage, à l'attribution d'une personne physique à une autre comme paiement d'une dette.

Goodman, psychiatre anglais, a formulé en 1990 une définition de l'addiction en la décrivant comme « un processus dans lequel est réalisé un comportement qui peut avoir pour fonction de procurer du plaisir et de soulager un malaise intérieur, et qui se caractérise par l'échec répété de son contrôle et sa persistance en dépit des conséquences négatives ». Il décrit ainsi les critères cliniques, ou critères d'inclusion permettant, face à un comportement, de dire si l'on peut, ou non, parler d'addiction.

Cependant dans les classifications actuelles des maladies (DSM-IV et CIM-10), les troubles addictifs des toxicomanies sans drogues, sont mal répertoriés. On les retrouve dans des sous-classes comme les « Troubles du contrôle des impulsions »,

Êtes-vous accro ?

A. Impossibilité de résister aux impulsions à réaliser ce type de comportement.

B. Sensation croissante de tension précédant immédiatement le début du comportement.

C. Plaisir ou soulagement pendant sa durée.

D. Sensation de perte de contrôle pendant le comportement.

E. Présence d'au moins cinq des neuf critères suivants :

1. Préoccupation fréquente au sujet du comportement ou de sa préparation.

2. Intensité et durée des épisodes plus importantes que souhaitées à l'origine.

3. Tentatives répétées pour réduire, contrôler ou abandonner le comportement.

4. Temps important consacré à préparer les épisodes, à les entreprendre ou à s'en remettre.

5. Survenue fréquente des épisodes lorsque le sujet doit accomplir des obligations professionnelles, scolaires ou universitaires, familiales ou sociales.

6. Activités sociales, professionnelles ou récréatives majeures sacrifiées du fait du comportement.

7. Perpétuation du comportement, bien que le sujet sache qu'il cause ou aggrave un problème persistant ou récurrent d'ordre social, financier, psychologique ou psychique.

8. Tolérance marquée : besoin d'augmenter l'intensité ou la fréquence pour obtenir l'effet désiré, ou diminution de l'effet procuré par un comportement de même intensité.

9. Agitation ou irritabilité en cas d'impossibilité de s'adonner au comportement.

F. Certains éléments du syndrome ont duré plus d'un mois ou se sont répétés pendant une période plus longue.

« Troubles du contrôle des impulsions non spécifiés ailleurs » ou « Autres troubles des habitudes et des impulsions ». La classification DSM-IV spécifie : « Le sujet ne parvient pas, de manière répétitive, à résister à des impulsions le poussant à adopter ce comportement, avec une période prodromique de tension suivie d'un sentiment de soulagement lors de la réalisation de l'acte. » Tous ces essais mettent en lumière la préoccupation des spécialistes pour définir les nouveaux comportements addictifs, pour mieux intégrer dans la pratique de tous les jours la prise en charge de ces troubles.

Les recherches effectuées par Zuckerman dans les années 1960, essaient d'établir un lien entre les phénomènes d'activation psychique et la recherche de sensations. Celle-ci correspond au besoin d'expériences nouvelles, complexes et variées et à la volonté de prendre des risques physiques et sociaux dans le but d'obtenir et de maintenir un niveau optimal élevé d'activation cérébrale.

L'échelle de recherche de sensations (*sensation seeker scale*[2]) comporte quatre facteurs qui définissent ce phénomène :

1. Recherche de danger/aventure – attrait pour les sports et les conduites à risques, impliquant vitesse et danger.
2. Recherche d'expérience – attrait pour des activités intellectuelles ou sensorielles.
3. Désinhibition – attrait pour la boisson, l'alcool, les excès sexuels.
4. Susceptibilité à l'ennui.

Les personnes qui présentent un score élevé sont fréquemment retrouvées parmi les grands pharmacodépendants, les grands consommateurs d'alcool, les grands fumeurs, les auteurs de conduites à risques. Il existe une relation étroite – mais non spécifique et non exclusive – entre addictions et recherche de sensations.

Mais, au-delà de ces définitions cliniques, il est nécessaire de comprendre que la notion même de dépendance donc d'addiction renvoie également à tout un code de valeurs morales, conjoncturelles ou sociales. Ce code s'appuie sur une notion de norme dont nous verrons qu'elle est elle-même très variable en fonction des époques, des modes ou des angoisses du moment.

La notion de dépendance : comment le piège se referme

Les dépendances sont un vaste champ au sein duquel il convient de dissocier les dépendances naturelles et celles, artificielles, que l'on s'impose ou que l'on se crée.

Les dépendances naturelles ne font pas l'objet d'une connotation particulière si elles restent dans la norme. Ce sont les dépendances constitutives de l'être humain et qui dans la majorité des cas sont à peine reconnues comme telles : dépendance à l'air, la nourriture, le sommeil, etc. La seule dépendance naturelle qui échappe peut-être à cette sorte d'indifférence serait celle à la mère qui a été associée à des valeurs considérées comme fondatrices telles que l'amour ou l'éducation. Si la dépendance est un assujettissement, l'assujettissement du bébé ou du jeune enfant à sa mère est un assujettissement vital, indispensable à son développement et généralement associé à la douceur, à la tendresse, voire à l'image parfaite de la relation mère-enfant. La dépendance est alors l'assurance d'une protection et les conditions d'un développement. Mais, bien sûr, la simple dépendance ne sera pas une condition *sine qua non* : ce développement ultérieur sera marqué par la pathologie ou l'absence de pathologie ambiante.

Ainsi donc, le caractère pathologique d'une dépendance sera fonction d'une norme : il est normal de manger, il est anormal d'être boulimique.

Cette norme définira les critères d'une bonne adoption d'un comportement, d'une bonne utilisation d'un produit ou d'un objet quelconque. On peut alors se demander ce que recouvre le terme de dépendance en dehors d'une référence à cette norme. Certains sociologues ne voient dans la dépendance qu'une « désignation », légitimée par des critères statistiques et qui ne « vaut que pour certains groupes de personnes, dans certaines conditions, en vue de certaines fins et selon des critères élaborés pour permettre à certains professionnels d'accomplir leur travail et de légitimer le mandat qui leur est confié [3] ». Ainsi pour tout comportement serait établie une répartition mathématique de celui-ci au sein d'une population. Les extrémités de cette courbe de Gauss seraient considérées comme comportements pathologiques. Toute la discussion étant alors de savoir à partir de quel stade, on estime être à l'extrémité de la courbe. On constate donc que ce que l'on appelle dépendance ne renvoie qu'à une simple norme : je suis normalement dépendant de la nourriture, ou je suis boulimique, c'est-à-dire anormalement dépendant de la nourriture.

Les codes qui définissent la normalité ou l'anormalité des comportements sont donc évolutifs. La dépendance d'un enfant à sa mère est normale et souhaitable, jusqu'à un certain point. À un âge avancé, celle-ci commencera à paraître suspecte avant de devenir véritablement pathologique.

Dès lors nous voyons que ce qui pose problème, c'est le mécanisme de la dépendance mais non l'objet de celle-ci.

Dans cet ouvrage nous parlerons bien évidemment de la dépendance non naturelle, celle que l'on acquiert, que l'on s'impose, que l'on se construit en fonction d'un certain nombre de facteurs psychologiques, sociaux, économiques ou environnementaux.

Le terme d'addiction est très utilisé et, depuis quelques années, a un peu perdu de son caractère scientifique pour entrer dans la terminologie commune. Cependant même si, dans le langage populaire, l'acception du terme d'addiction est assez large, pendant longtemps ce terme dans le discours scientifique était réservé exclusivement à l'usage de produits et plus particulièrement de drogues.

Depuis quelques années nous savons que ces drogues agissent sur un système particulier, que les neurophysiologistes appellent le système de récompense. Ce système correspond à des structures nerveuses spécifiques du cerveau dont le rôle dans les effets hédonistes (c'est-à-dire les sensations de plaisir) des drogues est, aujourd'hui, bien précisé. Dans cette optique, des études récentes laissent à penser qu'à partir du moment où le cerveau est mis en cause, ce type de circuit est à l'œuvre, qu'il soit stimulé par une substance ou toute autre expérience. Comme le dit Alan Leshner du National Institute on Drug Abuse

(NIDA) : « Il existe une parenté entre les addictions provoquées par les drogues et les autres compulsions [4]. » Nous entendons par compulsion, cette impossibilité à ne pas effectuer un acte, parce que le non-accomplissement de cet acte est générateur d'angoisse et de dépression insupportables.

Ainsi donc, les circuits concernés, d'un point de vue tant neurologique que biochimique, par les addictions comportementales sont les mêmes que ceux utilisés par les drogues ou toute autre substance. Pour Howard Sheffer, directeur du département des addictions à Harvard, « beaucoup d'addictions sont le résultat d'expériences… répétitives, à haut niveau d'émotion et à fréquence élevée [5] ». La neuroadaptation, c'est-à-dire le changement dans les circuits neuronaux qui aide à perpétuer le comportement, se produit même en l'absence de prise de drogue : « Il apparaît que, s'il est possible de modifier un circuit par la pharmacologie, vous pouvez le faire aussi avec une "récompense naturelle" », dit le physiologiste Brian Knutson de l'Université Stanford [6].

La seule différence réside en fait dans la puissance d'action des drogues, beaucoup plus importante que celle responsable des plaisirs que nous qualifierons de naturels, c'est-à-dire non provoqués par une substance venue de l'extérieur, une substance exogène.

Dans le comportement addictif, il existe deux périodes : la phase d'initiation est centrée sur la recherche de sensations jouant un rôle essentiel dans la rencontre de l'objet addictif. L'installation de la dépendance se produit plus tardivement, quand l'usage de l'objet se poursuit sous l'influence des exigences adaptatives liées à l'anxiété et au sevrage.

Afin de mieux comprendre ce qu'est la cyberaddiction, il semble nécessaire de prendre en compte la nature des plaisirs fournis et entretenus par l'addiction, réfléchir aux motivations qui attirent, entraînent et maintiennent le sujet dans la spirale de la consommation.

Tout être dépendant est un individu en souffrance. Il cherche par ses efforts à combler un vide identificatoire. Il se heurte aux obstacles souvent imaginaires remplis de combats qu'il estime perdus d'avance ou sans intérêt. Toute sa vie est entièrement vouée à sa dépendance. C'est ce que l'on appelle le phénomène de centration [7]. Le reste du monde est appréhendé au regard de cette dépendance, à travers le prisme de celle-ci et des besoins qu'elle engendre. C'est la raison pour laquelle elle entraîne bien souvent des phénomènes de marginalisation ou de désocialisation. Le monde est devenu une réalité insupportable, inutile, funeste et encombrante. Ces situations vont engendrer inévitablement des frustrations, des phénomènes anxieux, des troubles de comportements. Le sujet dépendant est à la recherche d'un refuge, d'une échappatoire à la réalité.

Dans le cadre de la dépendance à Internet ou aux jeux vidéo, le remplacement du réel par le virtuel est la seule manière concevable de vivre. Selon Ivan K. Goldberg : « L'addiction Internet permet de nier ou d'éviter les autres problèmes de la vie courante. » Cela montre que l'addiction n'est pas seulement la conséquence psychologique de phénomènes biologiques déclenchés par l'utilisation d'un objet suscitant la dépendance. C'est aussi et surtout, une façon particulière de résoudre un problème dont les termes dépendent des facteurs liés à une personnalité, à une structure cognitive et au renforcement de la situation.

Dans cette logique et parce qu'elle paraît résoudre le problème qui se pose à l'individu, la dépendance est une solution avant de devenir un problème. Toutes les dépendances sont des auto-traitements qui apportent une certaine réponse aux difficultés auxquelles un sujet est confronté.

Mais la conduite addictive traduit également une immaturité socioaffective. Celle-ci rend difficile la construction d'une identité psychosociale véritable et solide. La situation est amplifiée par la coexistence d'un sentiment de non-valeur personnel, de non-reconnaissance. Les sujets ont le sentiment d'être seuls, isolés, incomplets narcissiquement, état qui les amène à investir et accorder un potentiel narcissique réparateur de leur angoisse ou de leur dépression aux différents objets et situations qui pourront engendrer par la suite différentes conduites addictives. Cette carence narcissique, sévère et précoce, entraîne presque toujours des vécus dépressifs contre lesquels il s'agit de lutter à la fois par le comportement et par le corps.

Certaines conséquences de la consommation d'hallucinogènes, énoncées il y a déjà des années par Claude Olievenstein dans *La Drogue* suivi de *Écrits sur la toxicomanie* [8], peuvent se retrouver dans le cas des conduites cyberaddictives : modification du temps vécu et de l'espace, de la perception de son corps. Également, il décrit une modification de la pensée en relation avec l'imaginaire du sujet et de ses préoccupations plus ou moins conscientes.

Le groupe des cybériens essaie de retrouver une famille en tant que milieu affectif privilégié, où les thèmes cosmiques, érotiques et sensuels sont prépondérants. La consommation d'hallucinogènes, comme la manifestation des conduites addictives, est accompagnée d'une lucidité relative avant d'accomplir l'expérience. Malgré cette lucidité, le sujet ne peut pas s'empêcher de passer à l'acte.

Usage et mésusage : la pathologie ne naît pas de l'objet, mais de celui qui s'en sert

On sait que l'addiction est une relation de dépendance plus ou moins aliénante, plus ou moins acceptée. Tout réside alors dans ce plus et ce moins. Ce sont ce plus et ce moins qui vont colorier ce que l'on appelle le spectre des addictions. Rechercher à définir ce qu'est une addiction revient à tenter de repérer ce moment particulier où un peu plus devient trop. Ce moment où le « un peu plus » n'est plus une simple donnée quantitative mais devient une donnée qualitative car il nous fait passer d'une conduite adaptée, à une conduite pathologique, envahissante et morbide. Parfois, cette notion d'abus n'est pas posée par l'individu concerné. Les inquiétudes viendront de l'entourage qui s'estime abandonné ou qui pense que le sujet en question est en danger. Toutes les activités (satisfaisantes ou non) peuvent devenir compulsives. Ce n'est plus une question de passion, cela devient une obligation pour le sujet à accomplir l'action, par exemple en ce qui concerne Internet, de se connecter et d'y rester des heures.

Ce qui complexifie le problème, c'est que bien souvent ces conduites se présentent en association les unes avec les autres. La notion de comorbidité, ainsi que le souligne Jean-Luc Vénisse, étant indiscutablement l'un des facteurs constitutifs de l'émergence du concept.

Tout le problème est alors de savoir à partir de quand on peut parler d'usage, à partir de quand l'usage devient un abus, et l'abus, une dépendance. Comme le fait remarquer Véronique Nahoum-Grappe [9], le terme d'abus ne relève pas du registre du médical ou du scientifique.

Cette notion porte en elle une part de condamnation morale. Condamnation morale qui sanctionnerait pour chaque conduite ce moment particulier où le plus devient trop, c'est-à-dire le moment de ce raccourci fulgurant où le quantitatif, comme nous l'avons vu, se transforme en qualitatif. Ou le trop ne renvoie plus à une espèce de notion comptable mais à une notion morale qui serait de l'ordre de la faute.

Le trop, c'est la transgression de la norme, norme définie par ces pseudo-conférences de consensus social que notre société s'autoadministre en permanence. C'est cette transgression qui ferait passer l'individu d'un comportement à une maladie.

Nous voyons bien que la limite est très ténue et que, sous prétexte de norme, il ne faut pas pour autant vouloir médicaliser tout comportement qui serait un peu différent, voire un peu excessif à tout observateur extérieur. Être un adepte d'Internet, voire un passionné, ne signifie pas pour autant que l'on en ait un usage morbide, marqué par la dépendance. L'usage ne sera pathologique qu'à partir du moment où le comportement deviendra exclusif et s'accompagnera de dégâts associés : abandon durable des autres centres d'intérêt notamment familial, scolaire ou professionnel. Le sujet « addict » ne vit que pour l'objet de son addiction, à l'exclusion de tous les autres. Toute sa vie, toutes ses préoccupations, toute son énergie sont centrées sur celui-ci. Le reste devient totalement accessoire et progressivement abandonné. Les premiers à en pâtir sont bien souvent les membres de l'entourage qui ne comprennent pas, puis ne supportent plus ce repli.

Nous verrons que la notion de cyberdépendance ou celle d'un usage problématique d'Internet comportent l'ensemble de ces questionnements. À partir de quand estimerait-on que tel type d'usage est abusif ? À partir de combien d'heures ? Est-ce que tout usager risque de devenir dépendant ?

Toutes ces questions ont accompagné le travail des intervenants en toxicomanie, car elles se posent en ces mêmes termes pour les usages de drogues. Certaines réponses ont bien sûr été apportées.

Ainsi nous savons maintenant que ce n'est pas le produit tout seul qui fait le toxicomane. Comme l'a montré Claude Olievenstein, la toxicomanie est la rencontre d'un produit donné, à un moment socioculturel donné et d'une personnalité donnée. Cela veut dire que, si l'un seul de ces trois éléments est présent, cela ne suffira pas à « faire » un toxicomane. Il en est de même pour toute addiction. Personne n'est jamais la victime innocente d'un « mauvais » objet. Car l'objet en lui-même n'explique pas pourquoi son usage pourrait être problématique.

Ainsi, dans nos consultations, avec les patients que nous recevons, nous cherchons à comprendre pourquoi tel type de comportement est devenu pathologique et quelle fonction joue véritablement l'addiction dont ils souffrent. Cette problématique est retrouvée dans tous les comportements addictifs qu'il s'agisse du jeu pathologique, d'addiction aux jeux vidéo, aux dopants ou bien sûr à Internet. C'est également cette parenté qui explique qu'un même sujet peut présenter plusieurs addictions simultanément ou consécutivement.

Cela signifie qu'une même personne est susceptible d'être dépendante d'Internet mais également dépendante d'autres conduites : sexe, achats compulsifs, jeux d'argent, boulimie et anorexie, toxicomanie, sans parler du tabac ou de l'alcool. Autant d'éléments qu'il faudra rechercher dans l'histoire personnelle du sujet. Marc Valleur, chef de service du centre médical Marmottan, rappelle que la première comorbidité concerne ce que l'on appelle les *overlaps*, c'est-à-dire ces recoupements qui font que chaque addiction est le facteur favorisant de toutes les autres [10].

C'est une des raisons pour lesquelles Internet est l'outil « rêvé » pour le candidat à l'addiction ; il offre en effet les objets de toutes les addictions possibles, que ce soit le jeu, le sexe, les chats, etc.

Nous allons voir qu'Internet, de par le foisonnement de ressources qu'il propose, peut être à la fois l'addiction elle-même (nous parlerons alors de cyberdépendance) ou le moyen de réalisation d'addictions communes et nous pourrons alors parler d'addictions cyberassistées.

CHAPITRE II

L'addiction Internet ou cyberdépendance

C'est parce que la palette des possibilités est quasiment infinie que les comportements pouvant être l'objet d'une cyberdépendance sont nombreux. Ainsi que nous l'avons dit, il faut donc différencier les comportements de dépendance liés à l'outil Internet lui-même, des comportements de dépendance liés aux opportunités offertes par Internet. Dans le premier cas, Internet est la cause de la dépendance : c'est ce que nous définissons comme « cyberdépendance ». Dans le second cas, Internet n'est que le moyen de celle-ci qui entre dans le cadre de ce que nous définissons comme les « dépendances cyberassistées ». Nous pouvons penser que cette confusion est à l'origine de beaucoup de malentendus quant à la pertinence de la notion de cyberdépendance.

Quatre domaines nous semblent relever typiquement de la cyberdépendance telle que nous venons de la définir : les jeux vidéo (MMPRG, ARG) et les jeux de rôle ; les forums et les chats : IRC, ICQ ; l'infolisme ; les blogs.

Mais, avant d'aller plus loin, il convient de rappeler que ces outils ne sont pas toxiques ou dangereux en eux-mêmes. Seule l'utilisation que l'on peut en faire peut dans certains cas être pathologique. Loin de nous l'idée de laisser à penser que les jeux vidéo ou les sites de chat par exemple seraient pathogènes. Notre propos réaffirme que la majorité des utilisateurs vont en avoir un usage raisonnable. Seule une minorité va développer à partir de ces objets une dépendance et en aura donc un usage pathologique.

Les jeux vidéo : l'aventure au coin de l'écran

LES JEUX VIDÉO EN LIGNE

Le développement des jeux vidéo est à l'origine d'un marché mondial très florissant puisqu'il représentait environ 34,5 milliards d'euros en 2009. Pour la même année, le marché des DVD était de 21,5 milliards d'euros selon l'étude Gfk du 18 janvier 2010. Dans la suite logique de ceci nous enregistrons une explosion du nombre de jeux en ligne. Un jeu en ligne est un jeu vidéo dans lequel les joueurs sont reliés par un réseau de télécommunication. Le nombre de jeux qui répondent à ces caractéristiques est immense. À l'heure actuelle on dénombre sur Internet environ 1 500 sites de jeux en réseau, du classique jeu d'arcade, aux jeux de rôle sophistiqués.

Mais cette définition regroupe au moins cinq catégories de jeux très différents :

– Les jeux vidéo classiques, comme la plupart des jeux de courses de voiture. L'économie de ces jeux est classique : une fois le jeu acheté en magasin spécialisé, les joueurs peuvent se servir en ligne de manière gratuite.

– Les jeux d'action en réseau. Ce sont généralement des jeux de type Doom-like, qui se jouent sur des réseaux locaux (plusieurs PC reliés en réseau, ou un PC personnel transformé en serveur) ou dans des salles spécialisées. On voit aussi apparaître des logiciels communautaires, permettant la distribution et l'accessibilité aux jeux partout dans le monde. Ces logiciels permettent bien évidemment des discussions *via* des chats intégrés, ou des discussions en temps réel *via* des interfaces comme Real Wilco et l'organisation de parties protégées entre amis, grâce à des mots de passe. Citons ainsi GameSpy Arcade, Arène, Goa, MSN Zone.

– Les jeux sur Internet : il s'agit généralement de « petits jeux » développés en flash ou d'adaptations de jeux de plateau (Othello, échecs, go) : ces sites peuvent être gratuits ou non : dans ce cas on n'achète pas un jeu particulier mais on paye l'accès à un ensemble de jeux et de joueurs. Un cas particulier est celui des jeux de casino et autres jeux d'argent *on line*. Cette sous-catégorie, particulièrement hétéroclite, représente probablement encore aujourd'hui le plus gros chiffre d'affaires du secteur.

– Les jeux vidéo pour téléphones portables recueillent de plus en plus d'adeptes, sur un mode très simple : on joue et on télécharge la suite. Selon un responsable d'une société américaine : « Le marché du divertissement mobile est celui qui connaît la plus forte croissance au monde [1]. »

– Les MMORPG, *Massively Multiplayer Online Role Playing Game*, ou jeux *on line* massivement multijoueurs. Ces jeux connaissent un développement significatif du fait de la baisse du prix des abonnements Internet et en raison de vitesses de connexion de plus en plus rapides. Dans ce type de jeux, les joueurs découvrent des mondes évolutifs au rythme des actions réalisées par des milliers de participants, des guildes à créer, des compétences et habilités à développer. Mais il y a aussi l'aspect économique, le commerce des biens virtuels étant de plus en plus florissant. Cet aspect a été mis en évidence après le meurtre d'un joueur chinois, qui avait mis aux enchères et vendu un « sabre pourfendeur de dragons », prêté par un ami. Ce dernier s'est fait justice lui-même après que la police chinoise a refusé d'enregistrer sa plainte pour vol. Ce cas unique et brutal a toutefois attiré l'attention sur ce commerce effréné, dont les sommes mises en jeu atteignent des sommets.

Un autre aspect est celui des FPS – *first-person shooter* (jeu de tir subjectif) –, jeux d'action dans lesquels l'image que voit le joueur est une simulation de ce que voit le personnage qu'il contrôle (vision subjective). Le joueur a la sensation de se retrouver dans le corps d'un personnage en croyant voir ce que ce dernier voit, agir comme celui-ci agit. L'attrait de ces jeux réside dans l'immersion totale, avec une extrême touche de réalisme.

Dans l'histoire des jeux vidéo à la fois virtuel et ludique, un des jeux très à la mode à l'heure actuelle est Everquest (www.everquest.com). Everquest appartient à ce qu'on appelle des univers persistants, c'est-à-dire un monde virtuel qui continue de fonctionner même lorsque vous n'êtes pas connecté. Ce jeu se déroule sur une planète fictive, Norrath, et compte déjà plus de 700 000 accros. Au départ, vous choisissez votre personnage avec quatorze critères avant de découvrir un monde médiéval fantastique peuplé de licornes, dragons, cyclopes et elfes des bois, de druides, de gnomes et de guerriers, qui combattent de manière acharnée des monstres. La dernière extension propose encore plus de créatures à éliminer, en incarnant des hommes lézards, des magiciens ou des elfes. Le jeu nécessite l'association à une guilde et l'exploration d'un maximum de donjons.

Jusque-là rien de très original, si ce n'est les retombées économiques, réelles cette fois-ci de ce jeu virtuel. On estime à 2 260 dollars le budget consacré par chaque joueur. Ainsi l'impact économique et les enjeux sont tout à fait démesurés.

Dans le même ordre d'idée chaque avatar, ayant valeur de personnage réel, se négocie à des sommes astronomiques en monnaie locale (les *platinum pieces*). Le mot « avatar », dérivé du sanscrit *avatara*, signifie « descente d'un dieu sur la Trre pour la durée d'une vie humaine ». Ainsi le joueur comme un dieu hindou peut s'incarner à plusieurs endroits à la fois grâce à des avatars « partiels » (*amshas*), tandis que la forme principale dont est issu l'avatar reste « entière » et peut communiquer avec les formes « partielles ». Ils sont capables de lutter contre des monstres et de les vaincre, de confisquer des objets appartenant à ces derniers (ayant également une valeur marchande en dollars ou en euros). La construction de chaque avatar s'apparente à un véritable travail de fourmi (création, apprentissage des règles et techniques de combat). Tout avatar capable d'atteindre le 60e niveau du jeu vaut de l'or. La valeur moyenne est d'environ 750 euros, la revente après quelques combats pouvant rapporter environ 200 euros de plus. Sony s'oppose à ce type de négoce, estimant que le monopole lui revient. Il est curieux de souligner que la valeur d'un avatar masculin est en moyenne de 10 % supérieure à la valeur d'un avatar féminin : le sexisme reste présent même dans les jeux *on line*.

Mais il n'y a pas que les avatars qui peuvent rapporter de l'argent dans ce type de jeux. Ainsi lors des cyber-olympiades, les World Cyber Games, en Corée du Sud, en décembre 2001, le champion a remporté la somme de 40 000 dollars. Il est à noter que ces jeux sont à ce point populaires dans ce pays que les parties sont diffusées en direct à la télévision coréenne. Selon un article du *Time*[2], en Corée du Sud, Lineage, le jeu en réseau le plus populaire, permet aux gagnants de remporter plus de 1 000 euros par partie gagnée. Ce jeu suscite une telle frénésie que le nombre habituel de joueurs en ligne dépasse les 120 000 (pour un nombre total de deux millions de joueurs réguliers !). Les spécialistes coréens estiment que 5 % de ces joueurs sont dépendants du jeu.

Devant l'engouement mondial de ce type de compétitions, un des organisateurs de ces salons de jeux géants faisait un parallèle entre les jeux vidéo et la naissance d'un langage universel.

Ce type de jeux est particulièrement addictif. Pour Edward Castranova, professeur d'économie à l'université de Fullerton aux États-Unis, un jeu massivement multijoueur comme Everquest correspond à une macroéconomie bien plus réelle qu'il n'y paraît. Dans un entretien au quotidien *Libération*, Edward Castranova explique que, pour certains joueurs, « tout le réseau social, est dans le jeu. Tout ce qu'ils recherchent est dans le jeu. On parle le plus souvent de "joueurs accros"... Et, avec les progrès en cours dans le réalisme des interfaces, cette tendance va s'accroître ».

Un de ces joueurs excessifs évoquait un temps de connexions journalières de l'ordre de vingt à vingt-deux heures par jour. Face à notre étonnement, notre consultant nous fit part d'une tactique largement répandue parmi les joueurs d'Everquest, celle de l'emploi des avatars secondaires, qui permettent de rester dans le jeu tout en se ménageant des temps de repos. Il suffit en effet de créer des avatars de la même personne, avatars capables de lutter avec la même technique et de sauvegarder ses acquis ou tout au moins de retarder l'avancée des rivaux pendant les périodes – courtes – de repos de l'avatar principal.

Un autre jeu, Counter Strike (une déclinaison de Half-Life), est sans doute le jeu en réseau le plus connu en France. Les joueurs de ce jeu d'équipe se répartissent en terroristes ou antiterroristes. Trois scénarios sont proposés : la libération d'otages, le désamorçage d'une bombe ou l'assassinat d'un VIP.

Le jeu est plus violent que les autres types de MMPORG, incitant à une violence parfois gratuite. Un aspect intéressant de ce jeu (mais aussi d'Unreal Tournament, Quake III) est le développement de bots (abréviation de robot), qui permettent de s'entraîner tout seul pour les missions. Cette trouvaille issue de l'intelligence artificielle doit reproduire les comportements humains : se déplacer de manière cohérente, contourner des obstacles, repérer des passages difficiles, reconnaître les emplacements des armes et munitions. De plus ces bots peuvent être programmés pour adopter un comportement le moins prévisible possible, afin de les rendre difficilement vulnérables.

Citons le cas particulier d'un jeu français, créé par Vivendi Games, World of Warcraft (WoW). Ce jeu est devenu la référence mondiale des jeux vidéo, avec plus de 11,5 millions de joueurs dans le monde (dont 3,5 millions rien qu'en Chine). Le jeu se déroule dans le royaume d'Azeroth ou deux mondes s'affrontent : la Horde et l'Alliance. Chaque joueur possède son avatar (le choix est large, du magicien au guerrier). Le jeu continue à se développer avec sa dernière mouture « The Burning Crusade », qui apporte une augmentation des niveaux, des difficultés et propose de nouveaux paysages. On se doit de souligner l'impact économique sans précédent pour ce genre de produit, qui a permis à Vivendi Games de se hisser parmi les cinq leaders mondiaux des jeux vidéo. Le jour même du lancement, fait sans précédent, Vivendi Games a vendu 2,4 millions de boîtes.

Les univers persistants sont des fictions et/ou des communautés systémiques. À l'heure actuelle, ils reposent bien souvent sur des règles de jeu simples, mais il faut bien comprendre que ce sont des environnements pensés pour divertir, intéresser, passionner des dizaines ou des centaines de milliers d'usagers-interacteurs en même temps. C'est peut-être un nouveau langage qui se construit à partir des univers persistants concernant des milliers de personnes actrices de sa constitution. Ces acteurs, aujourd'hui appelés joueurs ou usagers, s'autoproclament citoyens dans certains territoires virtuels réputés. Il s'agit là d'un constat issu de l'analyse des jeux *on line*, et surtout de la philosophie de certains promoteurs de ces jeux. On assiste même à une logique implacable, étatique (l'exemple de la Corée du Sud qui désire organiser et prendre une place de choix dans les tournois de jeux vidéo), avec une explication pertinente : être non simplement à l'écoute, mais aussi à l'origine de la création de ce néolangage universel qu'est le jeu.

Les enjeux du décryptage des univers persistants sont multiples. Tout d'abord ils permettent de mieux comprendre ce que sont ces pratiques, amenées à toucher de plus en plus de personnes : plus de 6 millions si l'on ne compte que les jeux « communautaires ou pseudo-communautaires », le double peut-être si l'on compte les jeux de combats en réseau.

Il est probable que, derrière les projets de communautés virtuelles, que ces communautés soient ou non considérées comme des jeux, se dessine lentement un nouveau paradigme de la communication, une sorte d'espace complexe, totalement systémique, persistant donc, permettant aux générations futures de réaliser diverses expériences des plus traditionnelles et universelles.

Ces communautés trouvent leur traduction dans la création de véritables États virtuels. Ainsi, pendant trois jours, à Helsinki, en août 2003, se sont retrouvés des représentants de la République Transnationale, de la double monarchie d'Elgaland et Vargaland, de Ladonie ou de l'État de Sabotage pour un premier sommet des États virtuels.

Ces nations, plus ou moins loufoques, n'existent que sur Internet, et dans la tête de leurs créateurs, parfois souverains autoproclamés.

« Elles ont le droit de se faire entendre aussi, et c'est l'occasion de toucher le public », explique Mirva Pulkkinen, une organisatrice de l'événement.

Pendant trois jours, les participants ont pu se rencontrer dans un sommet évoluant entre sérieux et parodie onirique. Ils ont tout d'abord été conviés à une cérémonie d'ouverture dans le très officiel cadre du palais Finlandia, plus coutumier des « vraies » visites présidentielles ou royales... Ils se sont retrouvés ensuite sur une petite île au large de la capitale finlandaise pour poursuivre leurs débats centrés sur la pertinence d'instituer des nations virtuelles dans nos sociétés modernes.

« C'est une représentation d'art politique. Nous ne critiquons pas, nous commentons la société actuelle », fait remarquer Mme Pulkkinen.

Certaines ont leur drapeau, leur hymne, leur constitution, leur monnaie, leurs passeports, et ne manquent pas d'humour. Ainsi la « semi-Républike du Krassland » qui souhaite « bienvenue au pays de la pollution, de la korruption et des magouilles en tout genre » déclare : « Si vous avez koi ke ce soit à vous reprocher, notre État virtuel vous offre l'asile politike. » Sa « konstitution » est également haute en couleur : « Article un : Le Krassland est une semi-Rélublike virtuelle à but ludike membre du mikromonde frankophone : il rekonnait l'égalité et la liberté de tous les citoyens à la naissance. Après, rien n'est garanti » !!!

À l'origine, l'ancêtre des espaces de parole comme l'IRC était le MUD (Multiple User Dungeons), une sorte de jeu de fiction qui se pratique en envoyant différents messages aux autres joueurs, afin de collaborer ou de se confronter dans un espace virtuel.

Cette facilité de communication se retrouve dans tous les jeux MMPORG, représentant un attrait supplémentaire pour ces passionnés.

Il est intéressant de citer un jeu comme « Le Deuxième Monde », réalisé par Canal+ et Cryo, en 1994, et arrêté en 2001. Les spécialistes considèrent plus « Le Deuxième Monde » comme un logiciel d'immersion dans une réalité virtuelle que comme un véritable jeu vidéo, ayant comme objectif la création d'un laboratoire politique pour démocratie virtuelle. Le jeu consiste en une transposition virtuelle de la ville de Paris. On peut choisir sa morphologie, la couleur de sa peau, son identité, mais également son logement, avec la possibilité de le personnaliser, évoluant au fil de la maturation de son avatar (apparaissant ici comme l'incarnation de son véritable être). Les joueurs « citoyens » peuvent se rencontrer, organiser des visites et des discussions entre eux. Ce qui nous semble intéressant, c'est la possibilité de vote électronique installée sur le Web. Les « citoyens » sont appelés à décider eux-mêmes du sort de ce monde virtuel.

Ce genre de jeux, apparus depuis longtemps aux États-Unis, mêlant la fiction, la virtualité, le ludique, a déjà créé des inconditionnels qui vivent dans cet espace, qui ne communiquent que dans le cadre des IRC qui leur sont dédiés. Leurs modes de vie sont conditionnés par le jeu qui occupe la plupart de leur temps et la totalité de leurs pôles d'intérêt.

Ce jeu était le précurseur d'un autre jeu très à la mode actuellement : Second Life.

Second Life est un univers virtuel en 3D commercialisé en 2003. Ce programme est une simulation qui permet à l'utilisateur (le « résident ») de vivre une sorte de « seconde vie ». La majeure partie du monde virtuel est créée par les résidents eux-mêmes, résidents qui peuvent créer et vendre leurs créations (vêtements, immobilier). Second Life apparaît comme un espace d'échanges dont l'objectif est la reproduction des conditions de vie réelles, mais aussi un forum où s'expriment les engagements sociaux et politiques de manière libre et internationale. La vie quotidienne est parsemée de débats, expositions, conférences, activités culturelles diverses, mariages.

Stricto sensu, Second Life n'est pas un jeu vidéo, son objectif étant la rencontre entre résidents par l'intermédiaire de leur avatar.

Les utilisateurs peuvent modifier leur apparence autant qu'ils le désirent et créer des objets, des vêtements, des bâtiments, des sculptures, des véhicules de toutes sortes, des plantes, des animaux, des gadgets, etc. Les joueurs conservent les droits de propriété sur ce qu'ils créent dans Second Life.

L'économie de Second Life repose sur la monnaie locale, le linden dollar (L$) : chaque abonné en reçoit chaque semaine, ce qui lui permet d'acquérir des objets, des biens mobiliers et immobiliers, ainsi que des services auprès des autres utilisateurs. Les activités marchandes les plus courantes sont les boutiques de vêtements, discothèques, casinos, lieux de prostitution virtuelle, jeux vidéo, immobilier et architecture, jeux de rôle, etc. Des activités non marchandes s'y développent également, notamment dans les domaines du débat politique, de la solidarité internationale, d'expositions artistiques.

Ce jeu remplit une double fonction : celle d'un étayage identificatoire permettant à un individu de mener dans Second Life la vie qu'il ne peut mener dans le monde réel. Comme le suggère le titre de ce jeu, « Second Life » donnerait une seconde chance. L'autre fonction, dont nous avons déjà parlé dans ce livre, est celle de la lutte contre l'ennui. Le joueur se construit un monde et une vie correspondant le plus possible à la fois à ses désirs mais également à ses capacités.

Cette dimension et l'importance de ces mondes n'ont pas échappé aux personnages politiques. Ainsi, lors des élections présidentielles de 2007, un certain nombre de candidats avaient ouvert sur Second Life des officines et des permanences. Dans le même ordre d'idée, certains pays, comme la Suède par exemple, y ont même ouvert une ambassade officielle depuis le 30 mai 2007. Cette ambassade permet d'obtenir des informations diverses, notamment culturelles et aussi les formalités d'obtention d'un visa.

Contrairement aux idées reçues, l'apparition de ces jeux et le développement des espaces de chat n'entraînent pas pour la majorité des utilisateurs un repli sur soi, ou une désocialisation des internautes fréquentant ce genre d'espace, bien au contraire. Pour la plupart, les bénéfices en termes de sociabilité et de communication apparaissent comme indéniables. Cette démarche correspond à une recherche d'empathie très ciblée, avec une stimulation comportementale due aussi à l'activation cérébrale de neurones très spécifiques – les neurones miroirs : beaucoup d'usagers fonctionnant sur un mode mimétique, de stimulation autorenforçante. Nous ne sommes plus dans le monde de la cyberdépendance mais plutôt dans celui de l'interdépendance avec d'ailleurs des applications thérapeutiques tout à fait innovantes telles que les expériences de travail sur les phobies sociales et les troubles de l'image, que nous allons aborder dans un autre chapitre. Ces expériences utilisent l'interdépendance et la stimulation de la capacité d'autoanalyse cognitive et comportementale *via* ces types d'espaces de discussion et d'échange.

Certains jeux électroniques – comme le célèbre Tamagotchi (« adorable petit œuf » en japonais) – font appel aux émotions et aux affects, notamment chez les enfants. Ainsi un jeu intitulé « FinFin » met en scène un dauphin créé par images de synthèse, qui vit et entre en relation avec les enfants et les adultes. Éteindre son ordinateur et envoyer dans le néant son « ami » devient un geste difficile à réaliser et très culpabilisant.

Selon Daniel Ichbiah, journaliste spécialisé dans l'univers « cyber », ce type de jeux, réalise une véritable prise d'otage affective avec la constitution d'un fort sentiment de culpabilité. La relation qui s'installe entre l'enfant et son jouet est très forte et peut dans certains cas entraîner un asservissement technologique au détriment de la vie sociale et familiale.

Plus qu'ailleurs, les jeux offrent la possibilité d'une reconnaissance par les autres et d'un sentiment d'existence et peut-être même de plénitude, ce qui n'est pas forcément le cas dans la vie réelle.

Les sentiments de puissance, de force, d'invincibilité, de dépersonnalisation sont intimement liés aux plaisirs que procure ce type de jeux. D'une certaine manière, et pour ces raisons, ils favorisent les conditions de l'apparition d'une addiction. Il est difficile de s'absenter trop longtemps du personnage que l'internaute s'est choisi car il peut régresser et devenir une entité qui ne le représente plus vraiment.

Évoquant la difficulté pour les accros des jeux vidéo d'arrêter d'y consacrer tant de temps, M. Valleur évoque ces patients qui parlent de leur jeu comme si c'était leur vie et disent : « Je veux arrêter, mais c'est embêtant parce que je suis à la tête d'une armée de plusieurs milliers d'hommes [3] », faisant allusion au rôle et à ce qu'ils ont réussi à obtenir à l'intérieur du jeu. Même si ces patients gardent une certaine lucidité et savent très bien qu'il ne s'agit, au bout du compte, que d'un jeu, il n'en demeure pas moins que celui-ci leur assure un renforcement narcissique qu'ils ne peuvent trouver ailleurs.

Là encore, tout sera question de proportion et d'intensité. Par exemple, cet étayage bien mené et contrôlé peut être utile dans le cas de la prise en charge thérapeutique des enfants, appelés hyperactifs, qui ont des problèmes d'attention et de concentration à l'origine, entre autre, d'échecs scolaires. Certains auteurs ont ainsi proposé l'utilisation de jeux vidéo dans le cadre des essais de resocialisation ou d'apprentissage de la maîtrise chez ces enfants.

LES JEUX DE RÔLE EN LIGNE

Les jeux de rôle ont été inventés bien avant le développement d'Internet.

Historiquement, l'inventeur des jeux de rôle est Gary Gygax, amateur passionné de jeux de stratégie, les wargames. Son idée, novatrice pour les années 1960, fut l'introduction, dans un scénario jusque-là linéaire, de créatures fantastiques, telles qu'elfes, lutins, ogres ou dragons. Gygax décida ensuite de créer un jeu calqué sur les scénarios de la vie courante, un jeu qui échapperait à toutes les contraintes, un jeu illimité aux possibilités infinies.

Il publia en 1971 les règles d'un wargame comprenant des créatures fantastiques, qui s'intitulait Chainmail. Dans les wargames, chaque figurine représente généralement quelques dizaines de combattants. Mais les créateurs de Chainmail firent ensuite évoluer le système : ils attribuèrent à chaque figurine la valeur d'un seul combattant et confièrent à chaque joueur une seule figurine.

Chainmail comporte des règles de combat indiquant si une attaque a tué ou non un personnage en fonction de l'arme et du type d'armure concernés. Le résultat dépend du total déterminé par le tirage de deux dés à six faces. Les personnages magiciens peuvent lancer des boules de feu et une liste de seize sorts est fournie. Le dernier paragraphe des règles range les différentes créatures en trois catégories selon leurs prédispositions pour le bien, le chaos ou la neutralité.

Au printemps 1972, Gygax invente Donjons et Dragons, jeu auquel il fait participer sa famille et ses amis. En 1980 parut Deities and Demigods réédité en 1984 sous le nom de Legends and Lore, qui inclut une grande quantité de dieux et demi-dieux de mythologies diverses : aztèque, chinoise, égyptienne, grecque, hindoue, japonaise, nordique, sans oublier celle des Indiens d'Amérique. On peut y voir également en détail les légendes du roi Arthur, les dieux des cultes celtiques et d'autres divinités.

Le monde de Donjons et Dragons reposait sur une extraordinaire gamme de produits sans cesse renouvelée, comprenant :

– des boîtes de jeu pour niveaux élevés ou supérieurs ;
– une collection de livres ;
– des feuilles de personnage ;
– des mondes nouveaux décrits en détail ;
– des dizaines de scénarios ;
– de nombreux accessoires et aides de jeu ;
– des dés, calendriers, figurines, bandes dessinées, jeux informatiques, T-shirts, gadgets et produits divers.

Ce type de jeux permettait à chacun d'être le héros de son livre ou de son jeu, d'avoir le pouvoir de décider de l'histoire, d'en changer le cours, qu'il concerne son propre personnage ou l'humanité tout entière. Contrairement aux autres livres ou jeux, dans les jeux de rôle, il y a plusieurs scénarii, plusieurs dénouements possibles et des chemins multiples pour y aboutir.

Une notion importante introduite par les jeux de rôle est celle de maître de jeu. On peut comparer le jeu de rôle à un film dont le metteur en scène, le scénariste, les figurants, les décors sont réunis dans une seule personne : le maître de jeu. Ce dernier joue avec des acteurs, les joueurs, qui ne savent pas d'avance les gestes qu'ils vont faire, ni de quoi le scénario parle. Pendant la partie, ils incarnent un personnage qu'ils ont créé eux-mêmes grâce aux règles. La grande différence avec un film est que, le plus souvent, ni les joueurs ni le maître de jeu ne connaissent la fin de l'aventure. Le nombre de possibilités est infini, et les joueurs peuvent faire ce qu'ils veulent tant qu'ils réussissent leurs jets de dés.

Le maître de jeu établit des règles régissant le jeu qui seront publiées ou vendues sur le site Web. Il en définit le cadre : le nombre initial de personnages, les déplacements, les combats selon le type d'armes, les équipements de toutes sortes, la magie, les sorts, les blessures du personnage en fonction de la partie du corps atteinte, la notion de fatigue, etc. On y voit également la description du monde dans lequel les personnages des joueurs vont évoluer, et des listes de ce que les PJ (personnages-joueurs) peuvent acheter, des tables des créatures que l'on peut rencontrer selon le terrain où l'on se trouve.

Ensuite le maître de jeu demande à ses joueurs de créer leurs personnages. Après avoir choisi la race, le métier, le nom, la religion et l'âge, ils devront, à l'aide de dés, tirer les caractéristiques fondamentales du PJ : force, apparence, intelligence, résistance, capacités physiques, maniement des armes, aptitude à se défendre, capacité à trouver des passages secrets. Ainsi le joueur peut voir son personnage vieillir, se marier, gagner de la puissance, de l'argent, des terres.

Le maître de jeu crée le scénario qu'il fera vivre à ses joueurs. Par exemple, un danger imminent d'attaque terroriste, le but proposé aux joueurs étant de trouver les terroristes et leurs commanditaires et de les anéantir. Le jeu se déroule par des rencontres entre les personnages, dans différents espaces-temps, définis par le maître de jeu. Celui-ci peut créer des personnages non joueurs, en quelque sorte, des avatars d'un même personnage qui accompagnent les autres joueurs, fournissant des conseils.

Enfin, les jeux de rôle peuvent indifféremment se passer dans les temps immémoriaux de l'humanité, dans l'Antiquité (Oraculo) ou à l'époque médiévale (Donjons et Dragons, Pendragon, et Les Terres du Milieu), voire dans le monde moderne (Appel de Chtulu, Star Wars et James Bond 007).

À la fin déclarée d'une partie, il y a souvent les after, occasions de regroupement entre les différents acteurs de ces jeux.

L'introduction de ce type de jeux sur Internet a permis de multiplier les possibles.

Les jeux de rôle sur Internet se déroulent entre les différents participants, qui choisissent les heures des connexions, et qui suivent les ordres du maître de jeu. Celui-ci propose un scénario qui est accepté ou non par les joueurs. En cas de refus, le maître de jeu doit immédiatement le modifier.

Ce type de jeux renvoie à la dimension d'interdépendance que nous évoquions précédemment. Le joueur est dépendant du maître de jeu et des autres joueurs, de même que des heures de connexion qu'il ne maîtrise pas toujours.

Les chats

L'IRC ou *Internet Relay Chat* est un protocole informatique servant à échanger des codes entre différents ordinateurs mais également entre machines et êtres humains. Dans sa forme la plus classique, l'IRC est un protocole de téléconférence synchrone, c'est-à-dire en direct et interactif, consignée dans un document appelé « RFC 1459 », rédigé en mai 1993 par Jarkko Oikarinen et Darren Reed. Bien que l'image d'une gigantesque infrastructure de câbles et de fibres optiques frappe davantage les imaginations, il faut garder à l'esprit que le secret d'Internet réside d'abord et avant tout dans une combinaison de *protocoles* de communication entre machines, et plus spécifiquement entre logiciels ou systèmes d'exploitation de ces machines. Le protocole informatique est un langage formel, une norme qui définit rigoureusement et sans équivoque le type et le format des informations que deux entités sont susceptibles d'échanger, ainsi que les réponses appropriées à chaque message.

Le mot *chat* (prononcer « tchatte »), qui signifie « bavarder » en anglais, est le terme générique pour désigner tout système de communication *synchrone* médié par ordinateur. Bien que le terme soit déjà employé dans les pays anglo-saxons à propos des lignes de rencontres téléphoniques (*chatlines*), dans l'univers informatique, l'usage réserve ce terme aux systèmes d'interaction en mode *texte*. De plus, la dénomination « chat » n'est employée que lorsque la conversation est l'objet principal, sinon exclusif, du dispositif. L'innovation majeure de l'IRC a été la mise en réseau des domaines de chat. La structuration nécessaire pour que la communication soit possible entre tous les usagers résulte de la création de forums de discussion, ou plus exactement de canaux de discussion.

Typiquement, l'usager, identifié par un pseudonyme (*nickname* ou *nick*), « entrant » sur IRC, commence donc par demander à son logiciel d'établir la connexion avec un serveur donné, puis, il spécifie un nom de canal. S'il figure déjà dans la base de données que tiennent en temps réel tous les serveurs IRC d'un même réseau, l'usager sera mis en rapport avec ceux qui auront spécifié le même nom de canal. Tous les messages qu'il saisira ensuite sur son clavier s'afficheront à l'écran des autres « membres » du canal et d'eux seuls. Par contre, si le canal n'existait pas encore, il est automatiquement créé, avec l'usager en question pour seul occupant, en attendant que d'autres « ircistes » le rejoignent. Lorsque l'on s'est *joint* à un canal, l'écran se divise en général en deux zones : l'une sert à afficher les contributions textuelles du groupe, et l'autre, la liste des participants. Ces derniers sont de deux types : les *chanops* (ou *ops*) d'une part, et tous les autres, appelés *lusers*. Le mot *chanop* est la contraction de *channel operator* (opérateur de canal). L'usager qui a ce statut, symbolisé par le @ (arobase) qui précède son pseudonyme, dispose de certains privilèges : fixer le statut du canal et celui des autres membres, restreindre le droit de parole, décider du contenu du bandeau-titre du canal (*topic*), ou encore expulser les indésirables (*kick*), voire les bannir du canal jusqu'à nouvel ordre (*ban*).

Pour finir ce survol des éléments fondamentaux d'IRC, ajoutons que l'initiateur d'un canal en est le premier opérateur par défaut, et qu'il est possible de participer à plusieurs canaux à la fois.

Enfin, pour gagner en intimité, deux usagers peuvent dialoguer en privé.

Les groupes IRC qui ont atteint un certain degré de maturité et un nombre de membres leur permettant de se diversifier se dotent de sites Web, qui contiennent la charte communautaire, les règles de fonctionnement, les informations concernant l'histoire du canal ou des membres du groupe. Voici les principaux renseignements trouvés sur ces sites :

– les règlements officiels qu'il faut respecter en public ;

– le calendrier des rassemblements (*get together* ou « *GT* »), ainsi que des albums photos et dans certains cas des comptes rendus écrits de *GT* passés ;

– un annuaire des membres du canal (visiteurs réguliers), avec leurs photographies et leurs adresses électroniques ;

– la liste des opérateurs officiels ;

– des informations sur la fondation du canal, souvent assorties d'un historique.

Cela fait partie de la « netiquette » d'IRC que de n'utiliser des mesures draconiennes, notamment en termes d'exclusion d'un site de chat, qu'à bon escient. Ainsi, quel que soit son statut, la meilleure façon, pour un usager harcelé personnellement, de se débarrasser d'un importun, est de l'*ignorer*. En l'ajoutant à sa « liste des ignorés » (*ignore list*), il s'assure de ne plus recevoir aucun message du chateur en question. Si celui-ci persiste, ou change de pseudonyme pour contourner la parade, il est possible de substituer au pseudonyme en question une formule appelée *masque*, qui agit comme un filtre. En revanche, si le fauteur de trouble sévit dans l'espace public du canal, c'est le rôle du *chanop* que de le « bouter » hors du canal, littéralement « à coups de pied » (*kick*), voire, s'il le juge nécessaire, de le bannir, c'est-à-dire inscrire un masque lui correspondant sur la « liste des bannis » (*ban list*) du canal, conservée dans la base de données des serveurs aussi longtemps que le canal reste en activité.

Bien entendu, ces dernières mesures peuvent se retourner contre les usagers « légitimes » d'un canal. L'une des formes d'agression les plus fréquentes, pratiquement élevée au rang de « sport », est la prise de contrôle (*takeover*), suivie ou non du verrouillage d'un canal.

La prise de contrôle peut s'effectuer de plusieurs manières, mais l'une des façons les plus simples consiste à ruser pour se voir octroyer les privilèges d'opérateur, puis à « déoper » tous les autres opérateurs sans leur laisser le temps de réagir (manœuvre automatisée connue sous le nom de *mass deop*). Le verrouillage s'effectue ensuite en *kickant* tous les autres membres du canal, puis en plaçant un ban généralisé ou en configurant le canal en mode d'invitation seulement. Ainsi dépossédés de leur territoire, les usagers n'ont plus qu'à se regrouper en catastrophe sur un autre canal, en attendant que la plaisanterie cesse ou qu'un opérateur IRC accepte de les aider.

Un ircop est fondé à déconnecter du réseau IRC tout usager qui aurait enfreint gravement la netiquette, surtout si ses actions nuisent au fonctionnement global du réseau. La commande en question est : *kill* (tuer). Cette « mort symbolique » ne porte pas à conséquence, puisque l'usager peut se reconnecter aussitôt, à moins qu'il ne soit placé sur la liste noire du serveur (*K-lines*), ou pire, interdit de séjour sur tous les serveurs du même réseau (*G-lined*).

Il n'est donc pas surprenant que certains usagers se soient mis à concevoir des scripts sophistiqués ou des programmes autonomes, des clients automatiques en fait, capables de simuler le comportement d'un usager, et appelés « robots », ou simplement « bots » (comme dans les jeux *on line*). Il faut comprendre que ce qui vaut pour le serveur IRC vaut également pour l'usager : rien ne distingue en apparence un usager humain d'un « bot ».

On peut aussi remarquer que les « bots » sont les virus/bactéries de la vie *on line*. L'expression est judicieuse, car ces bouts de programmes informatiques, agents logiciels le plus souvent rudimentaires, se sont mis littéralement à proliférer sur IRC, où certains adolescents se les échangent comme jadis on échangeait des billes, puis les transforment, les perfectionnent à volonté, et les « relâchent » ensuite sur le réseau pour observer leurs interactions avec les usagers… et souvent les autres « bots ». L'un des avantages évidents d'un robot, c'est, entre autres, la vitesse de réaction et d'exécution, qui facilite les pratiques malveillantes. On a vu ainsi pulluler des automates agressifs ou nuisibles (appelés génériquement *warbots*) capables de travailler de concert pour s'emparer d'un canal donné au profit de leur « maître ».

Dans le même temps, certains programmeurs se sont mis à développer des « bots » pacifiques et beaucoup plus élaborés, dont la fonction était de protéger un canal contre les agressions, tout en résolvant les problèmes de stabilité évoqués plus haut. Le plus célèbre de ces logiciels, baptisé Eggdrop, a donné son nom à cette classe de cerbères artificiels, dont il fait figure, aujourd'hui encore, de référence. Nous voyons donc que le monde du chat est loin d'être un long fleuve tranquille et peut être également un lieu d'affrontement, de lutte pour un territoire et pour le pouvoir.

Cependant il faut reconnaître que l'une des contributions principales de l'*Internet Relay Chat* (IRC) est le développement de nouvelles formes de sociabilité, dans le cadre d'un environnement virtuel, fonctionnant par groupes (souvent appelés « tribus Internet ») plus ou moins secrets, avec des codes et des règles de conduite stricts. Il existe de nombreuses études consacrées à ces tribus, dont nous analyserons le contenu afin d'en décrire les évolutions.

L'IRC apparaît comme un nouvel outil de communication (d'abord interpersonnelle et duale par e-mail, puis communautaire, donc partagée par les groupes de discussion Usenet). Il introduit la notion de communauté dans le vrai sens du terme (les groupes peuvent aller de quelques centaines à plusieurs milliers de participants), avec un véritable synchronisme : l'espace-temps est réel cette fois-ci avec une multiplicité de groupes en fonction des thèmes et sujets traités. Il a fallu énormément de temps pour que ce système se structure, et qu'apparaissent aujourd'hui des formes très sophistiquées, dont l'évolutivité, la convivialité et la richesse fonctionnelle les rendent très attractives. Ce sont entre autres les groupes ICQ qui tirent leur nom de l'anagramme phonétique de l'expression anglaise « *I seek you* » (Je te cherche).

Ce nouveau type d'espaces met en lumière la place et l'ampleur des liens interpersonnels, des relations entre virtuel-communication-communauté et l'évolution de nouvelles normes du langage et de sociabilités « à distance » ou « électroniques » dont les réseaux télématiques sont susceptibles de favoriser l'émergence. L'essor des communautés virtuelles, regroupements de personnes qui ne se connaissent pas et n'interagissent que *via* un réseau d'ordinateurs, engendre des débats polémiques sur la pertinence même du concept de communauté, cette dernière étant définie par les interactions directes entre les différentes personnes, par le partage d'un espace physique commun. Dans le cas de la virtualité, on crée de nouvelles dimensions dans la définition de l'espace et du contenu communautaire, notamment en ce qui concerne la réalisation du discours : support virtuel, parfois asynchrone, partagé par un nombre indéfini de personnes affranchies de la contrainte spatio-temporelle.

Il existe ainsi une dichotomie apparente entre deux modes de communication : *on line* d'un côté et traditionnel, c'est-à-dire sans l'intermédiaire d'Internet, de l'autre. Il en est de même de cette notion de communauté, avec d'une part des interactions sociales qui découlent d'une représentation virtuelle, *via* les machines, et d'autre part une forme sociale caractérisée par une vie réelle, ancrée dans le perceptible et le palpable. Une nouvelle dimension s'impose, celle de membres de réseaux sociaux sous-tendus par ces supports techniques qui s'opposeraient aux structures sociétales classiques : la famille, l'entreprise, l'école, les communautés ou les associations.

Même si au début de l'Internet les discours alarmistes concernant le danger du repli sur soi, de l'effondrement sociétal étaient la règle, on se rend compte de l'importance et de l'ampleur des nouvelles formes de socialisation qu'il permet, de la construction et la reconstitution de liens sociaux à travers son usage. Qu'on le veuille ou non, il est indéniable qu'Internet crée du lien.

La sociabilité observée sur IRC est parfois le prolongement d'une sociabilité préexistante, entravée par la distance géographique.

On décrit deux types de socialisation : une exogène, extérieure au canal IRC, liée directement à la vie réelle, et une autre forme, dite endogène, créée par des internautes qui se rencontrent pour la première fois dans les chats et qui est de loin la plus développée. En d'autres termes, l'environnement IRC présente la capacité de faire naître en son sein des interactions sociales qui n'auraient pas eu lieu autrement.

Il est intéressant de remarquer les différences sémantiques dans la désignation des diverses utilisations d'Internet. Ainsi, tandis qu'à propos du Web on parle de *navigation* ou *surf* en anglais, de *visite* ou de *consultation* dans le cas d'un site précis, on dira le plus souvent : « faire de l'IRC ». Cela semble nettement indiquer qu'au-delà de la recherche d'information, au-delà de la communication instrumentalisée, Internet est ici utilisé pour une activité de création qui dépasse l'usage traditionnel des médias. Et ce qui est « fabriqué » sur IRC, c'est du lien social.

Ainsi cette nouvelle technologie permet l'enrichissement de notre société par de nouveaux types de liens sociaux. Ceci devrait être souligné avec enthousiasme dans une société confrontée à la concurrence, à l'individualisme, victime d'un

« culte de la performance » sans précédent, d'une désagrégation du sens et du respect de l'autre.

La société moderne présente souvent les rapports interindividuels comme des rapports de forces ou de concurrence. Dans ce contexte, Internet, par son apport communicationnel performant, devient la source d'une meilleure intégration et d'un apaisement. Les contraintes sociales deviennent supportables, et l'individu garde l'impression de devenir indépendant tout en restant socialisé.

Cette nouvelle recherche de communication connaît un succès grandissant, notamment auprès des jeunes dont le temps passé soit sur ces chats, soit sur les téléphones portables est devenu une nouvelle constante du fonctionnement social.

Cette nouvelle évolution, il faut le souligner, traduit la tendance actuelle qui privilégie l'apparence au détriment de la confrontation avec la réalité. L'apparence devient un repère suffisamment réaliste pour être crédible. Dans ces conditions, Internet et l'anonymisation des rapports viennent souligner cette crainte de l'image, crainte souvent rencontrée chez les jeunes, qui cherchent toute possibilité d'évitement de la confrontation, du regard des autres.

L'aspect néoindividualiste de la société moderne, où chaque individu doit s'inventer dans le présent et s'adapter aux vicissitudes, génère de plus en plus de *losers*, des personnes en état de détresse sociale et individuelle. La notion de destin non maîtrisable, l'apparition d'un nouveau « *no future* » expliquent l'avènement de nouveaux types de réponses. Dans ce contexte la facilité communicationnelle par IRC apparaît de plus en plus comme un important vecteur social du bien-être.

Certains construisent leur identité, rêvent de dessiner leur propre chemin dans la vie et, devant des contraintes de plus en plus nombreuses, se réfugient dans leur « tour d'ivoire », s'isolent et essaient de construire leur propre monde. Ce monde, sorte de cocon protecteur, est un refuge, un lieu sacralisé.

L'interprétation du lien en termes de filiation et d'affiliation permet d'apprécier les interférences entre les générations, les créations identitaires et l'appartenance à un groupe. La formation de néocultures (parler verlan, langage SMS, langage IRC, les *tags*, les soirées *rave*), la revendication de comportements différents (consommation de substances psychoactives, habitudes vestimentaires), la recherche d'une marque (dans les deux sens du terme) expriment un réel besoin de socialisation, c'est-à-dire de reconnaissance et d'appartenance à un groupe. Cette nouvelle organisation de la jeunesse inquiète parfois les parents qui oublient souvent que chaque époque a vécu ce conflit entre générations. C'est par ces craintes que l'éloignement et la fracture du lien s'accentuent.

L'essence d'IRC peut se résumer à la virtualisation de la rencontre, puisque le réseau est un champ des rencontres possibles. La rencontre n'y est pas célébrée en tant qu'événement accidentel et singulier, mais plutôt comme une pratique récurrente, une connexion éternellement recommencée avec un Autre indéfini. Au sens courant également, puisque, de l'aveu même de nombreux ircistes, toute démarche de séduction dans le « virtuel » comporte, en filigrane, l'espoir d'une concrétisation dans la « vraie vie ». Un nouveau phénomène apparaît donc, celui des rencontres en face à face entre usagers d'IRC. De longues correspondances électroniques débouchent sur un déplacement, parfois de plusieurs milliers de kilomètres. Et les couples « internationaux » formés grâce à l'IRC sont des cas de moins en moins isolés.

Une des caractéristiques des médias Internet et IRC est l'anonymisation des contacts, permettant ainsi, au moins au début, des relations non engageantes, superficielles, qui peuvent éviter les préjugés et les jugements dont beaucoup de personnes préfèrent faire l'économie. Il s'agit d'un constat confirmé par la plupart des usagers lors du premier contact sur l'IRC. De cette manière, et avec la création d'avatars qui permettent la présentation d'une image idéalisée de soi, les personnes qui refusent ou redoutent les contacts sociaux réels peuvent très bien s'accommoder des relations virtuelles offertes par l'IRC et des forums de communication. Il s'agit là d'une manière égalitaire et désinhibée de nouer des contacts avec d'autres personnes. À ce titre, le créateur du concept de « phobie sociale », le

Dr Isaac Marks de Londres, nous faisait part dans le cadre d'un congrès sur le thème « Internet et santé mentale » des travaux qu'il effectue autour de la socialisation et du développement relationnel à travers l'IRC chez les personnes présentant des difficultés relationnelles. Un des constats est celui de l'effacement des barrières et obstacles communicationnels rencontrés dans la vie réelle, au bénéfice d'une simplification de la communication qui se réduit au simple langage informatique, confirmant ainsi l'adage de McLuhan : *Medium is the message* (le médium est le message). Il s'agit, par extrapolation, du même phénomène communicationnel que celui largement rencontré avec les SMS (*short messages*) et MMS (*multimedia messages*), chez les jeunes usagers de téléphonie portable, communication qui se déroule selon des règles très larges, sans limites, avec un code linguistique et syntaxique totalement novateur.

L'IRC permet donc à certaines personnes de vaincre des handicaps réels ou imaginaires et de faire accepter aux autres cette représentation.

Parfois l'IRC peut même permettre de se faire passer pour celui ou celle que l'on n'est pas : ainsi cette jeune Britannique qui entretint une relation *via* IRC avec un soldat américain de 32 ans. Cette relation virtuelle se termina par un rendez-vous en Angleterre, le soldat faisant le déplacement pour rencontrer une jeune fille qu'il pensait majeure. Elle avait en réalité 12 ans.

Ainsi l'IRC, entre autres, pose la question des fausses vérités. Ces fausses vérités peuvent prendre la forme de canulars, de rumeurs sur lesquelles nous reviendrons dans la partie consacrée à l'infolisme. Mais, plus souvent, ces vérités partielles ou fausses permettent la manipulation et le contrôle des personnes visées.

Un des mensonges classiques est celui sur l'identité sexuelle des interlocuteurs. Il n'existe pas de moyen fiable de détection de l'identité réelle d'une personne qui correspond par l'IRC. Ainsi, l'exemple de cette personne qui se présentait sous un pseudonyme féminin, comme une jeune étudiante en lettres et qui décrivait ses fantasmes concernant les hommes (phases préliminaires, actes sexuels). Deux des ircistes présents lui ont fait la remarque d'une incongruence flagrante entre son identité de femme et la forme grammaticale souvent masculine que cette personne employait. Cette personne avoua être un homme et vouloir vivre des fantasmes de femme en contact avec les hommes. La décision de l'ensemble des membres du groupe fut son exclusion.

Mais, à côté de ces cas individuels, on constate sur les canaux de « convivialité », le développement d'une conscience de groupe qui va souvent de pair avec l'organisation de réunions « extra-IRC », partielles ou plénières, de ses membres. Les appellations de ce qu'il faut bien appeler une actualisation de la virtualité du groupe varient selon les contextes linguistiques et culturels. Mais, qu'on les appelle rassemblements, conventions, ou *get together* (GT), ces réunions en face à face se déroulent selon un schéma sensiblement identique : quelqu'un lance un rendez-vous sur le canal ; si l'idée et son auteur sont accueillis favorablement, le mot d'ordre est repris en écho, affiché dans le bandeau-titre et, le cas échéant, officialisé sur la page Web du canal. Les uns et les autres organisent le covoiturage, voire l'hébergement des personnes éloignées du lieu de rassemblement, lieu de convivialité. Mais ce type de rencontres est plus ou moins couronné de succès. Ainsi ce groupe de jeunes fréquentant un IRC axé sur les rencontres a voulu tester, après environ un an de rencontres virtuelles le face-à-face. Cette rencontre a été longuement préparée et, le jour venu, les huit membres du groupe se sont rencontrés dans un café branché. La surprise et l'étonnement furent à la mesure de la déception. Les images qu'ils s'étaient construites des uns et des autres ne correspondaient pas à la réalité : la présentation faite dans le cadre de l'IRC renvoyait à l'image fantasmée ou idéalisée que chacun avait de soi-même. Mais cela ne les a pas découragés. Après avoir décidé de mettre fin le plus vite possible à cette soirée, les huit ircistes se sont séparés avec l'idée de continuer à se rencontrer dans le chat, chacun gardant le pseudo et l'image idéalisée dont il s'était doté. Passant outre la réalité, ce groupe a pu continuer à fonctionner de nombreux mois.

L'impact de ces nouvelles technologies de l'information et de la communication sur les jeunes est énorme, représentant ainsi un marché économique faramineux. Selon une enquête fournie par Médiamétrie, dans sa cinquième édition du Baromètre Jeunes, 85 % des 11-19 ans se sont déjà connectés à Internet et 84 % d'entre eux surfent régulièrement. L'interactivité, la possibilité de trouver des logos, des films, des clips de musique, des habits nouvelle tendance, des journaux intimes de et sur la vie des stars, la communication par e-mail ou les chats sont tels que 74 % des jeunes interrogés déclarent affectionner tout particulièrement cette convivialité.

La téléphonie mobile est également un élément très important dans la vie des jeunes. 92 % d'entre eux n'imaginent plus le monde sans les portables et 64 % disposent d'un téléphone mobile. Les SMS sont le *nec plus ultra* dans la communication chez ces jeunes, qui ne conçoivent pas une journée sans recevoir au moins un SMS. Cette tendance ne pourra que s'accroître, d'autant plus que la majorité des téléphones portables auront un accès facile à Internet.

Les réseaux sociaux

Comme nous l'avons déjà signalé, sur Internet, plus qu'ailleurs, les réseaux sociaux sont des espaces publics porteurs du meilleur comme du pire. Ils sont des lieux d'échanges et de communication, de partage d'information, de discussion et de circulation d'idées. Ils créent des liens, même virtuels, importants. Mais la pratique de ces réseaux nécessite un apprentissage permettant de faire le tri dans les informations et les rencontres. *A priori*, cela ne devrait pas constituer une difficulté ou un danger pour les adultes. Pour les mineurs, les enjeux peuvent être tout autres. C'est là que le rôle parental prend toute sa place. De même qu'on ne laisse pas les enfants s'aventurer n'importe où à l'extérieur, il est nécessaire de veiller à ce que ceux-ci ne surfent pas n'importe où et n'importe comment, en toute solitude.

La Commission européenne s'était saisie de cette problématique afin d'évaluer la « protection des mineurs contre les risques inhérents à l'Internet, notamment les sollicitations d'adultes à des fins sexuelles et de harcèlement ». Les résultats des enquêtes soulignent l'importance de l'éducation et des avertissements plutôt que le flicage des réseaux, cette dernière solution apparaissant plutôt comme un constat d'échec. (Voir à ce sujet le site : http://www.huffingtonpost.fr/2012/06/15/protection-mineurs-facebook-habbo-hotel-skout_n_1600249.html)

En 2008, la Fondation Ellen MacArthur a livré les résultats de l'étude *Vivre et apprendre avec les nouveaux médias*, soulignant les bienfaits d'un usage encadré de l'Internet – acquisition des savoir-faire sociaux et techniques nécessaires à l'intégration dans la société contemporaine. Concernant les typologies des pratiques des jeunes, les auteurs distinguent les pratiques centrées sur l'amitié, qui correspondent à ce que la plupart des jeunes font en ligne : passer du temps avec leurs amis, s'amuser, chatter et visiter les réseaux sociaux. Mais aussi une participation axée sur les centres d'intérêt, qui fait référence à des pratiques plus créatives ou plus technophiles.

L'infolisme et les infomateurs : la recherche du scoop en permanence

L'Internet est le royaume de l'information et de la circulation de celle-ci. Il permet en quelques clics de se transporter à l'autre bout du monde pour y trouver la source de ce que l'on recherche. D'autre part, par sa garantie de liberté, notamment en termes de liberté d'expression, il est l'outil utilisé par certains pour rendre publique une information qu'eux-mêmes considèrent cachée ou mal traitée.

Ainsi les blogs (journaux de bord – *logbook* – sur le Web), utilisés par les scientifiques depuis 1997, ont été récupérés par des particuliers qui désirent transmettre une information qu'ils jugent impartiale[4]. Au-delà des blogs introspectifs dont nous venons de parler, certains rédacteurs de blogs que nous qualifierons d'informatifs cherchent à mettre sur le devant de la scène une information non traitée par les médias officiels ou montrer à quel point l'analyse qui en est faite par ces derniers est fausse, empreinte d'*a priori* ou entachée du poids des intérêts économiques. Certains de ces sites font un véritable travail de recherche et de collecte d'informations, s'appuyant sur de véritables collèges d'experts chargés de vérifier à la fois la véracité des informations et la justesse des analyses[5]. Pour d'autres, par contre, la source des informations reste obscure. Le but de ces sites reste le même : « lutter contre la concentration du secteur et la marchandisation de l'information[6] ».

Ce type de sites, véritables Hyde Park Corner au niveau planétaire, où chacun défend son idée, exprime son opinion, transmettant des informations non vérifiées ou non vérifiables, se développe d'autant que de plus en plus de personnes (50 % selon un récent sondage) n'ont plus confiance dans les médias classiques.

Mais leur succès est également dû à l'engouement pour l'information en général et l'information en direct en particulier. La couverture des récents conflits en Irak, qui laisse à penser au téléspectateur lambda qu'il est au cœur de l'action, en est une démonstration.

Internet participe bien évidemment à cette fringale d'information.

Cette recherche éperdue d'information est tellement spécifique et semble se développer de façon tellement compulsive qu'un certain nombre de psychologues ont proposé de baptiser ce comportement d'infolisme, une nouvelle maladie qui guetterait l'internaute. L'infolisme se caractérise par un besoin marqué pour toujours plus d'information. On parle des junkies de l'info.

Ainsi de nombreux cadres de grandes entreprises sont victimes selon eux de la course à la meilleure information, gage de performance et de compétence. Un fort pourcentage parmi ces personnes décrit une véritable anxiété de performance. Le danger imminent pour ces cadres est de ne pas être à la hauteur, de perdre leur position durement acquise dans l'entreprise, faute de maîtriser et connaître les plus récentes informations. Une enquête menée par le Dr Mark Griffiths, professeur de psychologie à l'université Trent (Grande-Bretagne), spécialiste de l'addiction Internet et des jeux vidéo, montre un lien clair entre l'abus d'utilisation d'Internet, l'accumulation d'information et la dépendance à celle-ci. Les renseignements recueillis lors de cette enquête montrent que parmi les cadres interrogés 54 % se disent euphoriques lorsqu'ils débusquent les données qu'ils cherchent, 43 % continuent à chercher de l'information relative à leur travail quand ils sont en vacances et, enfin, la grande majorité (76 %) estime que l'information peut provoquer une dépendance [7].

La quantité d'informations disponibles sur le Web est énorme. Être submergé par ces informations n'est pas synonyme d'acquisition de savoirs. Brasser de l'information sur Internet conduit à une sorte de vertige : le trop d'information finit par tuer l'information. L'important est d'intégrer ces informations dans des savoirs et ces savoirs dans des cultures. C'est-à-dire dans des pratiques qui donnent du sens à ce que l'on fait dans sa vie et dans sa profession.

Ce devrait être une des nouvelles missions des pédagogues à venir : aider le navigateur à trier les informations, à naviguer dans ces nouveaux espaces, à intégrer des savoirs dans des cultures et des cultures dans des pratiques. Sinon l'information n'est que zappable et donc inutile. L'excès d'information génère l'info-pollution. Aujourd'hui tous ceux qui surfent sur les réseaux d'information sont confrontés à ce risque d'info-pollution et doivent apprendre à hiérarchiser l'information et à naviguer. Joël de Rosnay [8] souligne l'importance du facteur éducatif, de l'apprentissage des bonnes techniques et manières nécessaires à la réussite du surf sur Internet et de toute utilisation – de loisir ou professionnelle – de cet outil extraordinaire, voire d'une bonne sélection de ces informations, d'une vérification de la pertinence du contenu de certains sites.

La Toile est inondée de sites d'espionnage, de piratage et de manipulateurs de l'information en tout genre. On a vu ainsi l'engouement des consultations des sites Internet concernant l'affaire Clinton-Lewinsky. La mise en ligne du rapport Starr – du nom du procureur qui a conduit l'enquête de l'*impeachment* – a été le site le plus consulté au niveau du réseau mondial pendant quelques jours.

Tout fait d'actualité peut être l'objet des interprétations les plus diverses et parfois les plus fantaisistes. Par exemple, le crash en mer du Boeing de la TWA a réveillé l'éternelle théorie du complot selon laquelle un missile tiré par les forces navales américaines serait à l'origine de l'accident. Ce type d'« information » paraît tellement crédible que même des personnes censées être avisées se laissent piéger. Ainsi Pierre Salinger, ancien conseiller du président Kennedy, reprit-il à son compte le contenu entier du site en question.

Plus récemment, à l'occasion des attentats du 11 septembre 2001, des sites Internet ont à nouveau évoqué un complot allant jusqu'à nier le crash de l'avion sur le Pentagone, interprétation basée sur des images réelles mais présentées d'une manière partielle et complètement subjective.

Le problème de la validation des informations trouve sa concrétisation dans l'aventure survenue à John Seigenthaler, ancien assistant de Robert Kennedy, qui a fait l'objet d'un article dans

Wikipédia, l'encyclopédie en ligne alimentée par les internautes eux-mêmes. Selon cet article, écrit par un internaute anonyme, Seigenthaler apparaîtrait comme directement impliqué dans l'assassinat à Dallas de John Kennedy, en 1963, et de Robert Kennedy quelques mois plus tard. Il a fallu que Seigenthaler lui-même et les responsables de l'encyclopédie procèdent à un démenti formel pour que cesse cette rumeur. À la suite de cette « bavure », les règles de publication dans l'encyclopédie ont changé, obligeant tout auteur à s'identifier de manière précise.

Dans le cadre de l'infolisme, nous pouvons également ranger les nombreuses recherches effectuées sur les sites de santé et de médecine. Selon le *British Medical Journal*, plus de 100 millions d'Américains font assidûment des recherches sur les 100 000 sites e-santé [9]. L'existence de ces sites pose avec encore plus d'acuité le problème de la pertinence des informations et des conseils qui y sont prodigués.

Mais cette ruée vers les informations ne connaît pas que des aspects négatifs. Le rôle joué par le Web doit être reconnu dans certains événements, assurant par exemple la permanence de la communication même en temps de conflit ainsi que nous avons pu le vivre pour la Bosnie ou l'Irak.

Dans le même ordre d'idée le Web et les forums de discussion ou les journaux *on line* permettent la publication de tribunes et l'expression des dissidents dans des pays dont les régimes totalitaires contrôlent entièrement le contenu des informations. Ce lieu de libre expression est insupportable aux yeux de certains régimes. Ainsi un cyberdissident chinois a été condamné à cinq ans de prison pour subversion. Son site, www.6-4tianwang.com, dressait la liste des gens disparus, en particulier aux mains de la police, détenues en général pour leurs opinions politiques ou religieuses. Le site Web rapportait également des informations sur des dissidents et des séparatistes de la province musulmane du Xinjiang, sur la secte interdite Falungong et sur la répression de la place Tienanmen de juin 1989.

Les sites d'information, comme globalement tous les sites Internet, posent la question de la législation concernant leurs contenus. Cette législation est floue dans la plupart des pays, voire complètement contradictoire : il est interdit, par exemple, de promouvoir la vente de matériel néonazi dans la plupart des pays européens – sauf en Norvège – et il est quasiment impossible d'interdire ces promotions sur les sites nord-américains, au nom du premier amendement de la Constitution américaine. Rappelons-nous le cas de Yahoo, fournisseur d'accès, qui avait parmi ses clients des sites sur lesquels étaient vendus des objets nazis, et du vide judiciaire empêchant d'interdire cela.

Au même titre on peut mentionner les sites révisionnistes, très prisés par des extrémistes de tout bord ; ainsi le révisionniste français Faurisson avait publié ses thèses délirantes sur un site islamiste suédois, pays dont la législation est très « tolérante ». De même pour un site canadien, Zundelsite, tenu par un fasciste obligé depuis de déménager en Californie suite au durcissement de la loi canadienne.

On se rappelle l'histoire du jeune néonazi français, Brunnerie, qui a tenté d'assassiner le président Chirac le 14 juillet 2002. Brunnerie était un adepte accro des jeux vidéo *on line* (aux contenus nazis) et des sites néonazis (comme le site 18, ou 1 = A et 8 = H, initiales d'Adolf Hitler).

La démesure d'Internet fait que chaque acte ou événement peut prendre une dimension considérable que ce soit dans le domaine de l'horreur, de l'anodin ou du merveilleux. Nous citerons pour dernier exemple la naissance en direct d'un bébé girafe sur Internet, au zoo de Francfort. L'heureux événement était attendu depuis quelques semaines par quelque 100 000 internautes surveillant régulièrement la page Internet qui retransmettait les images de l'enclos du zoo [10].

Les blogs : faire savoir ce qu'on pense, ce qu'on est, ce qu'on fait

Un blog (ou blogue) est un site Internet constitué par des chroniques écrites dans l'ordre chronologique, à l'image d'un journal intime lisible par les internautes. Le *blogueur* (celui qui tient le blog) met en ligne diverses thématiques, sur lesquelles les lecteurs peuvent apporter des commentaires.

Les premiers blogs sont apparus aux États-Unis à la fin des années 1990, comptant parmi leurs adeptes des blogueurs comme Jason Kottke, Dan Moscovici, Mickael Highleaf. Leurs blogs étaient présentés sous la forme d'un carnet de bord recensant les pages Web (au moyen d'une liste d'hyperliens) que les auteurs avaient jugées intéressantes, accompagnées de commentaires.

Le concept *blog* est caractérisé par une grande facilité de publication, complétée par une énorme capacité interactive en temps réel. Le fait que la plupart des blogs se forment autour des idées propres des auteurs a été longtemps un argument de méfiance quant à l'objectivité de ces supports. Mais, finalement, malgré le côté subjectif évident, certains blogs deviennent célèbres par la pertinence des remarques des auteurs et par la vivacité des échanges qui s'ensuivent. Ainsi, des blogs deviennent le centre d'échanges passionnés sur des sujets de l'actualité. Le blog pouvant se transformer en un véritable forum électronique.

Les dernières élections présidentielles ont vu apparaître ceux des hommes politiques mais aussi des fans de tel ou tel candidat, le tout avec des fréquentations incroyables, dans une véritable course à l'info et aux échanges.

Les blogs tenus par des adolescents sont très nombreux en France (près de 7 millions sur Skyblog en 2007). On assiste au même engouement que l'échange des SMS ou les forums de chat, le potentiel addictif étant d'autant plus grand que les récentes évolutions technologiques ajoutent un attrait supplémentaire.

La nomophobie

Parmi les nouvelles addictions aux nouvelles technologies, l'addiction au téléphone portable, à la tablette et à la phablette (appareil hybride entre le smarphone et la tablette) apparaît de manière explosive, non seulement chez les jeunes, mais aussi dans des classes d'âge plus avancées. Par le développement des nouveaux téléphones, ceux-ci deviennent pratiquement des terminaux Internet. L'addiction ne fait que se renforcer et se traduit par une peur panique qui envahit les usagers lorsqu'ils sont séparés de leur téléphone. Cette peur se nomme « nomophobie », terme issu de l'expression anglaise *no mobile-phone phobia*. Parmi les traits de caractère de ces nouveaux addicts, on retrouve classiquement l'impulsivité et l'intolérance à la frustration, mais aussi un besoin d'affichage du statut social. L'absence de l'objet (que ce soit par la perte, l'oubli ou le vol) est vécue comme une atteinte identitaire avec un sentiment d'abandon, de solitude et de vulnérabilité.

Une étude nord-américaine montrait que les usagers passent en moyenne près de deux heures (114 minutes) par jour sur leur smartphone, dont seulement 23 minutes à converser, le reste du temps étant partagé entre 20 minutes quotidiennes à envoyer des textos, 18 minutes pour les mails, 16 minutes sur des sites Internet et 11 minutes sur les réseaux sociaux. La mission des smartphones est celle d'une plateforme de données et d'informations, mettant au plan secondaire la fonction téléphonie. Dans cette même étude, on apprend que 66 % des usagers d'Internet possèdent déjà un smartphone et que 45 % des consommateurs en général prévoient d'en acheter un dans les douze prochains mois.

CHAPITRE III

Les addictions cyberassistées

Grâce aux outils de communication offerts par Internet, les processus d'approche et de séduction – étapes nécessaires et importantes dans l'évolution de toute communication entre individus – sont court-circuités. Dans le même ordre d'idée, l'utilisateur d'Internet peut se créer un monde à son image ou à l'image de ses fantasmes dans lequel il se sent véritablement exister. Comme nous l'avons évoqué précédemment, la conduite addictive ayant comme objet l'Internet, est souvent accompagnée d'une ou plusieurs autres conduites, sous forme complète ou partielle, faisant penser à une problématique de type polyaddictive.

C'est parce que la palette des possibilités est quasiment infinie que les comportements pouvant être l'objet d'une cyberdépendance sont nombreux. Il faudra donc différencier les comportements de dépendance liés à l'outil Internet lui-même que nous venons de voir, des comportements de dépendance liés aux opportunités offertes par Internet. Dans le premier cas, Internet est la cause de la dépendance, dans le second, il est le moyen de celle-ci. La notion de cyberdépendance a beaucoup pâti de cette confusion.

Mais tous ont en commun les spécificités d'Internet, au rang desquelles il faut citer en premier lieu ce que l'on appelle la « conversation assistée par ordinateur » (CAO).

IRC et ICQ

Déjà évoqué dans le chapitre sur la cyberdépendance, l'IRC et l'ICQ trouvent aussi leur place dans les addictions cyberassistées. Ils sont alors non pas une fin en soi mais un outil d'assistance aux échanges d'information pouvant parfois être à sens unique.

L'analyse du phénomène des conversations *on line* sur l'Internet Relay Chat (l'IRC) a été faite par son créateur, le Finlandais Jarkko Oikarinen, lui-même un ancien cyberdépendant. Il décrit l'IRC comme un moyen de conversation synchrone, envoûtant, accaparant, vecteur d'une fausse socialisation. Cette dimension particulière de l'Internet, favorisant une apparence de contact, doit être prise en compte comme un phénomène de société.

L'IRC représente une « passerelle » du réel vers la « réalité virtuelle », et surtout évite le contact direct dans un « face-à-face ». C'est une rencontre sans contrainte. Il manque certes un élément essentiel à ce mode de communication. C'est la possibilité de réagir spontanément à l'interlocuteur, de capter l'aspect non verbal du corps et du visage de ce dernier. Pour Jonathan Kendall, spécialiste de la cyberaddiction, cette emprise est celle d'un « vide descendant en spirale, avec un inimaginable pouvoir d'aspiration ». Pour Kimberly Young l'attrait du réseau ne tient pas à la quantité ou la qualité de l'information qui est véhiculée, mais surtout aux relations qu'il permet de développer.

Le courrier électronique e-mail est un autre moyen de participer à ce type d'échanges.

L'Internet offre tous les attraits d'un monde lissé, parfaitement poli, idéalisé, d'un cadre de vie stable, protecteur. L'activité quotidienne, communicationnelle, ludique se déroule dans le cadre d'une communauté d'initiés, possédant leur propre bagage de connaissances, leur langage, les mêmes représentations du monde, leur trait commun étant cette nouvelle « normalité virtuelle ».

Si le cyberespace pouvait un jour demander sa reconnaissance en tant qu'État, il pourrait revendiquer une population de 100 millions d'internautes y ayant élu domicile et vivant selon des normes de vie très standardisées, d'une façon « artificielle ». Les échanges et les contacts sont habituellement réalisés par l'intermède des groupes de parole virtuels ou dans un proche avenir, à l'aide des outils à fort potentiel virtuel, comme les gants, les combinaisons et les lunettes. La description de ce nouveau monde apparaît pour la première fois dans un roman de science-fiction que nous avons déjà cité, *Neuromancien*, de William Gibson. Nous avions vu qu'il décrit le cyberespace comme « une hallucination consensuelle vécue quotidiennement en toute légalité par des dizaines de millions d'opérateurs [1] ».

Mais le problème de la légalité est évidemment à discuter. Si la majorité des pays, à l'exception de quelques régimes totalitaires, acceptent que leurs ressortissants aient accès à Internet, la tâche de tous est compliquée par le développement d'activités qui elles ne sont pas légales. Ainsi Sergio Vieira de Mello (Haut Commissaire des Nations unies aux droits de l'homme) a déclaré dans le journal *Libération* : « L'Internet joue un rôle considérable dans le développement démocratique et le brassage des idées, il représente en même temps un danger pour les droits de l'homme dans la mesure où il ouvre un très large espace aux idées dangereuses, voire criminelles, tels l'antisémitisme et d'autres opinions racistes. »

Les notions de désinformation et de manipulation sont donc très présentes dans divers domaines. Nous allons voir comment elles se déclinent en fonction des pôles d'intérêt, des comportements ou des registres d'usage d'Internet.

Sexe et pédophilie

C'est un des domaines où Internet a le plus défrayé la chronique car il est la synthèse de tout ce qu'il peut représenter comme dangers, notamment vis-à-vis des plus jeunes utilisateurs.

Toutes les études concernant la cybersexualité s'accordent sur l'importance des recherches concernant les sites liés au sexe. Ainsi, le mot-clef « sexe » est le plus employé par les internautes à la recherche d'infos, de photos ou de films à contenu pornographique. À lui tout seul, il totalise plus de requêtes que les mots : jeux, musique, voyage, voiture, météo, et santé réunis.

Le cybersexe intensif est indiscutablement, à ce jour, le cas de dépendance cyberassistée le plus visible et le plus répandu. Selon Philippe Spoljar, qui a créé la notion de « sexualité assistée par ordinateur », la cybersexualité invente « une perspective nouvelle, la perspective du toucher, qui permet une sexualité à distance, la télécopulation ». Pour citer Paul Virilio : « ... l'événement est inouï : jusqu'alors on n'avait jamais pu toucher à distance. Or, aujourd'hui, à des milliers de kilomètres, je peux non seulement toucher avec des gants de données, mais avec une combinaison spéciale je peux faire l'amour à une fille à Tokyo, ses impulsions m'étant transmises par des capteurs me permettant de faire jouir et de jouir moi-même. »

Deux autres spécialistes, Reed et Blaine, soulignent que les addictions sexuelles se caractérisent par « une incapacité à établir une relation saine et gratifiante avec le partenaire, par l'apparition pendant l'acte sexuel d'un vécu de déréalisation, par la négligence de son entourage au profit de son comportement sexuel ». Ils ajoutent d'ailleurs que « pour le cybernaute présentant un comportement addictif sexuel, l'univers sans barrières et sans limites de l'Internet lui offre le choix et la possibilité d'accéder à ses pulsions et à ses fantasmes les plus intimes ».

Décrites dans les années 1980, les addictions sexuelles regroupent des comportements sexuels compulsifs, l'hypersexualité et les troubles caractérisés par un désordre du contrôle des impulsions. On retrouve dans cette classification des symptômes comportementaux (rapports sexuels fréquents, masturbation compulsive, instabilité relationnelle, recours à la pornographie – magazines érotiques, fréquentation des boutiques spécialisées, consultation des sites Internet pornographiques et des salles cinématographiques spécialisées –, fuite des relations affectives de longue durée) et émotionnels (pensées obsédantes, culpabilité concernant la ou le partenaire, sentiment de dévalorisation, d'impuissance face à l'acte sexuel, honte, une véritable tendance à l'ennui). Les addictés sexuels présentent, selon Coleman, au moins deux des entités suivantes :

– La drague compulsive avec partenaires multiples, avec une recherche de gestion du stress et de l'anxiété.

– L'autoérotisme compulsif-masturbation comporte l'autostimulation obsessive et compulsive des parties génitales. Les spécialistes rapportent une moyenne de 5 à 15 actes masturbatoires par jour, avec une cohorte de blessures, de fatigue.

– La fixation compulsive sur un ou des partenaires inaccessibles. Les fantasmes, nombreux, alimentent la vie affective et les émotions du sujet. L'objet de l'amour est hyperidéalisé, et il n'est pas rare, en cas de déception, de voire apparaître des véritables délires de jalousie (complexe d'Othello), voire des passages à l'acte agressifs orientés vers la personne « aimée ».

– Les rapports compulsifs amoureux multiples, avec une insatisfaction des relations amoureuses et la quête perpétuelle de l'amour idéal.

– La sexualité compulsive, avec de nombreux rapports sexuels, vécus de manière insatisfaisante, besoins interminables d'actes sexuels, d'expression amoureuse et d'attention.

Il faut mentionner l'existence des relations affectives addictives – dans le cadre d'un même couple ou dans la consommation affective de partenaires, avec toujours une recherche de sensations fortes, nouvelles.

Toutes les technologies mises à disposition par le Web sont utilisables dans le cybersexe : le chat, moyen d'entrer en contact facilement et sans contrainte, avec un ou plusieurs partenaires à la fois, dans un foisonnement des sens, les ICQ, les vidéochats – visualiser la personne qui se trouve à l'autre bout du fil et pouvoir bénéficier des animations, souvent payantes, sur des sites comme iFriends ou Intimate Friends Videochat Network, qui permettent des rencontres « *speed dating* » à plus de deux millions d'internautes. Il existe maintenant des moyens plus sophistiqués comme les combinaisons, les gants et les lunettes qui permettent de ressentir la véritable texture de la peau et la chaleur du corps de son partenaire. Ces inventions qui semblaient du domaine de la science-fiction il y a quelques années commencent à se développer sous l'impulsion évidemment des fabricants de sites porno.

Plusieurs sites Web sont ainsi dédiés aux rencontres virtuelles, aux jeux érotiques *via* des webcams, facilitant l'accès des amateurs de rencontres *on line*. Les sites de rencontre sont fréquentés d'une manière explosive par des célibataires (certains de nos patients considèrent même ce genre de site comme un « lieu de passage incontournable ») ou des gens en couple, mais qui s'estiment en manque de sensations, ou en pleine crise de la vie en commun. Pour certains la multiplication de rencontres et de fantasmes, l'économie affective et émotionnelle priment sur des rencontres qualitatives, pour d'autres il y a aussi l'aspect gain de temps et d'efforts.

Les échanges d'images à caractère explicitement sexuel, les propositions de rencontres fleurissent sur ce genre de sites. Certains couples vont

Test de dépistage de l'addiction sexuelle (TDAS – Carnes)

	OUI	NON
1. A-t-on abusé de vous sexuellement, pendant l'enfance et l'adolescence ?		
2. Êtes-vous abonné ou achetez-vous régulièrement des revues érotiques (*Playboy* ou *Penthouse*) ?		
3. Vos parents ont-ils eu des problèmes sexuels ?		
4. Êtes-vous souvent préoccupé par des pensées sexuelles ?		
5. Avez-vous le sentiment que votre comportement sexuel n'est pas normal ?		
6. Est-ce que votre conjoint s'inquiète ou se plaint de votre comportement sexuel ?		
7. Avez-vous du mal à arrêter votre conduite sexuelle, lorsque vous savez qu'elle est inappropriée ?		
8. Vous sentez-vous mal à l'aise vis-à-vis de votre comportement sexuel ?		
9. Est-ce que votre comportement sexuel a causé des problèmes pour vous-même ou votre famille ?		
10. Avez-vous cherché assistance pour un comportement sexuel que vous n'aimiez pas ?		
11. Avez-vous eu peur que les gens apprennent votre conduite sexuelle ?		
12. Avez-vous fait du mal aux autres émotionnellement par votre conduite sexuelle ?		
13. Certaines de vos activités sexuelles sont-elles contre la loi ?		
14. Vous êtes-vous promis à vous-même de cesser certains comportements sexuels ?		
15. Avez-vous fait des efforts pour renoncer à certains comportements sexuels sans y réussir ?		
16. Devez-vous cacher certains de vos comportements sexuels ?		
17. Avez-vous essayé de cesser certains comportements sexuels ?		
18. Pensez-vous que certains de vos comportements sexuels ont été dégradants ?		
19. Le sexe a-t-il été pour vous une manière d'échapper à vos problèmes ?		
20. Êtes-vous déprimé après un rapport sexuel ?		
21. Avez-vous senti le besoin de cesser certaines formes d'activité sexuelle ?		
22. Est-ce que vos activités sexuelles ont perturbé votre vie familiale ?		
23. Avez-vous eu des rapports sexuels avec des mineurs ?		
24. Vous sentez-vous dominé par vos désirs sexuels ?		
25. Pensez-vous que vos désirs sexuels sont plus forts que vous ?		

Selon le TDAS – Carnes, un score de plus de 10 réponses positives signerait une adiction sexuelle.

jusqu'à la diffusion sur le Net de leurs ébats, la raison la plus souvent invoquée étant « la sortie de la monotonie ».

De nombreux canaux IRC permettent d'explorer sans contraintes de multiples fantaisies sexuelles, telles des fantaisies d'abus, d'humiliation, de viol, etc., en plus de fournir l'opportunité de faire des rencontres avec des personnes aux comportements pour le moins très dangereux. Ces déviations se traduisent le plus souvent par des délits.

Le phénomène de la cybersexualité chez les jeunes doit être analysé dans le contexte des programmes télévisuels qu'ils regardent depuis leur enfance. Comme dans les autres pays industrialisés, la télévision joue un vrai rôle d'amortisseur social, prenant fréquemment le relais du lien familial, souvent rompu, d'un surinvestissement professionnel de la part des parents qui ne laissent plus de place à un véritable dialogue parents/enfants. Ainsi, les jeunes Américains, arrivés en fin d'études auront passé 12 000 heures sur les bancs de l'école, contre 15 000 heures en moyenne passées devant les écrans de télévision. L'élève moyen américain aurait ainsi regardé 1 400 références sexuelles explicites par an. Selon les mêmes études, 65 % des recherches effectuées par des jeunes d'âge compris entre 10 et 17 ans concernent des sites pornographiques.

Il n'est pas anodin qu'un jeu comme Grand Theft Auto : San Andreas contienne une scène pornographique cachée, facilement dévoilée grâce à un code spécifique qui circule librement sur Internet. Ainsi, ce jeu, dénoncé déjà pour sa violence extrême, est dans le collimateur des associations de défense des enfants, dont la porte-parole est Hillary Clinton, ces associations ayant obtenu récemment la classification de ce jeu dans la catégorie des films X.

Les politiques commerciales des webmestres sont très agressives dans le but de rendre « accros » les internautes, grâce au spamming. Ce dispositif qui consiste, après chaque visite de site pornographique, en l'envoi régulier dans la boîte e-mail des utilisateurs de messages publicitaires, de *samples* (échantillons alléchants) qui vont stimuler l'envie de se connecter même pour des gens qui ont consulté ces sites par simple curiosité ou par accident (le cas classique, surtout dans les téléchargements des jeux vidéo, de liens qui vous envoient vers des sites pornographiques).

Selon des études récentes, 1 % des Nord-Américains auraient développé une pathologie de dépendance envers le sexe en ligne. Selon le National Council on Sexual Addiction and Compulsivity, en 1999 déjà de 16 à 21,5 millions de Nord-Américains estimaient souffrir de sexualité compulsive [2]. Selon cet organisme, qui s'appuie sur une enquête de 2002 menée par des chercheurs des universités Stanford et Duquesne, 200 000 personnes étaient addictées à la pornographie *on line*, au cybersexe. Ces utilisateurs compulsifs de sites pornographiques et de discussions érotiques en ligne tendent, selon les auteurs, à avoir plus de problèmes affectifs et professionnels que ceux qui ne fréquentent ces endroits que de manière occasionnelle. Alvin Cooper estime que le Web détient un pouvoir libérateur important, offrant à des personnes qui souffrent d'inhibitions sexuelles diverses, une source inépuisable de stimulations orgasmiques. Pourtant la plupart des amateurs de cybersexe décrivent une pauvreté de leur sexualité, que ce soit après la fréquentation de sites porno, ou après des rencontres dans les groupes de chat, rencontres qui se finissent souvent par des séances de masturbation avec le partenaire virtuel. Un des amateurs de ce type de relations, nous décrivait un véritable sentiment de vide ressenti lors d'une rencontre sexuelle réelle avec sa partenaire rencontrée par Internet. La relation naturelle était complètement dépourvue d'attrait et l'absence de fantasme a été ressentie par les deux partenaires, qui, dans cette logique, ont préféré continuer leur relation de masturbation dans la virtualité, *via* Internet.

Dans le passé, d'autres études ont mesuré le nombre d'internautes visitant à l'occasion des sites pornographiques (environ 20 % d'entre eux), mais aucune ne s'était intéressée à la dépendance développée dans certains cas à leur égard. La dépendance envers le cybersexe est souvent liée à des problèmes de relations interpersonnelles, au stress ou à des difficultés de couple, qu'elle tend parfois à aggraver.

Un exemple de cas de divorce impliquant un addicté aux sites pornographiques a été prononcé en Égypte où la plaignante a fait la preuve que sa vie conjugale se trouvait dans une impasse absolue du fait du nombre important d'heures (plus de 14 heures par jour) que son mari passait sur Internet et les sites pornographiques.

Pour le cybernaute présentant un comportement addictif sexuel, l'univers sans barrières et sans limites de l'Internet lui offre le choix et la possibilité d'accéder à ses pulsions et à ses fantasmes les plus intimes.

Les journaux personnels qui racontent dans les moindres détails la vie intime de leurs auteurs sont de plus en plus à la disposition des internautes. Certaines pages Web contenant des journaux personnels voient accroître leur affluence aux « moments de pointe », c'est-à-dire quand les auteurs racontent leur vie affective et sexuelle. Ainsi, paradoxalement, l'intimité devient un facile moyen de communication et de mise en contact. La possibilité de communication synchrone – en temps réel dans les IRC – ou asynchrone par e-mail, ajoute un côté attractif.

Ce sont ces différents éléments qui sont bien souvent à l'origine des faits divers que l'on constate et qui parlent de viols par Internet. Les individus en question prennent contact par Internet avec leurs futures victimes et inventent des scénarii : jeune homme adolescent, triste et romantique, jeune homme sortant d'une rupture difficile, etc. Ces échanges Internet débouchent sur des rendez-vous réels, qui leur permettent de passer à l'acte.

Ainsi cette affaire récemment jugée à Singapour où trois adolescentes de 13 et 14 ans avaient répondu à ce type d'appels et furent ensuite violées par l'homme en question. Celui-ci avait filmé une partie des relations sexuelles pour faire chanter ses victimes et les forcer à le revoir. Il fut condamné à vingt-trois ans de prison.

Cette affaire montre également le rapport qu'il peut y avoir entre cybersexualité et pédophilie.

La pédophilie sur Internet est un sujet brûlant. Le nombre de sites est en croissance, surtout dans les pays qui présentent des vides ou des flous juridiques. Le contenu est de plus en plus hard.

Au sujet de l'exploitation des enfants *on line*, dans les forums et sur les sites pornographies, un rapport du FBI datant de 1998 faisait part de plus de 700 cas de pédophilie sur Internet (usage de photos et de films à caractère pornographique mettant en scène des mineurs) et environ 300 cas de racolage actif (des adultes proposant des rencontres sexuelles aux mineurs). La même source rapporte que, pour l'année 2000, le nombre de ces interpellations a quadruplé, pour atteindre les 2 856 cas [3].

Une autre étude nord-américaine de l'université de Pennsylvanie rapporte qu'environ 325 000 enfants et adolescents américains se prostituent ou participent aux tournages de vidéos pornographiques [4]. Selon cette même étude, sur 1 501 enfants âgés de 10 à 17 ans, usagers réguliers d'Internet, un enfant sur cinq aurait déjà reçu une proposition à caractère sexuel *via* le Web.

En France, les données concernant la pédophilie sur Internet mettent en évidence une augmentation d'environ 20 % tous les ans, des sites et des actes répertoriés. Plusieurs campagnes de prévention ont été dirigées dans un objectif de sensibilisation (distribution de tapis de souris avec des messages très explicites : « Sur la Toile, méfie-toi des pièges »).

Le problème que rencontre l'ensemble des pays qui sont exposés à ce type de situation est que les sites pornographiques en général et pédophiles en particulier génèrent des profits considérables. Les chiffres émanant des organismes chargés du contrôle des flux Internet – Nielsen/NetRatings – sont évocateurs : rien que pour le mois de janvier 2002 il y a eu 27,5 millions d'Américains qui ont visité les sites pornographiques, dont environ 72 % d'hommes pour 28 % de femmes. Pour l'année 2001, le chiffre d'affaires de ces sites s'élevait à environ 220 millions de dollars (environ 180 millions d'euros). L'agence de médiamétrie Jupiter Media Metrix estimait que le chiffre d'affaires pour 2005 avait atteint 320 millions de dollars (300 millions d'euros) de plus.

Cyberdélinquance et cybercriminalité

La cyberdélinquance est un phénomène en voie de développement à la fois difficile à évaluer mais également à poursuivre, rendant ainsi ardue la tâche de ceux qui veulent maintenir un « ordre public électronique ». L'économie liée à Internet s'est développée de façon importante et rapide. La cyberdélinquance est liée à ce développement assez mal contrôlé présentant de nombreuses failles rendant les fraudes ou les détournements possibles. Pour répondre à ce nouveau type d'infractions, les tribunaux franciliens, par exemple, ont décidé, en 2002, de se doter d'un « pôle cybercriminalité » spécifique. Les infractions sont multiples et vont de l'intrusion et de la malveillance informatiques au blanchissement d'argent électronique en passant par le vol de logiciels et de fichiers, aux interceptions illégales ou aux atteintes à la vie privée. Aux États-Unis, le FBI a décidé de diligenter une enquête face à l'augmentation de cette cybercriminalité. Il est apparu que le coût des fraudes pour 2001 avait représenté une perte de 455 millions de dollars pour les entreprises contre 377 millions en 2000.

Les cyberdélinquants sont de deux types. Même s'ils sont tous des hackers, il convient de différencier ceux qui cherchent à mettre en évidence les failles d'un système, et ceux qui utilisent ces failles pour leur profit personnel.

Les plus célèbres hackers appartiennent à la première catégorie. Ainsi Ehud Tenenbaum, jeune garçon alors âgé de 21 ans, connu sous le pseudonyme d'Analyser, s'était infiltré dans une centaine de serveurs de l'armée américaine dont celui du Pentagone. Un autre hacker de 16 ans, connu sous le nom de Mafiaboy, avait frappé plusieurs sites comme Yahoo, eBay, CNN, eTrade, entraînant une paralysie momentanée de l'activité économique de ceux-ci. Les pertes furent estimées à quelque 3,9 millions de dollars en trois heures. La démarche de ces hackers est de mettre en évidence la fragilité des systèmes prétendument inviolables. Leur plaisir réside dans ce jeu avec l'interdit et la lutte contre un pouvoir économique ou politique considéré comme arrogant et trop sûr de lui. Ainsi le procès de Vincent Plousey connu sous le pseudo de « Larsen » qui en mars 2003 était jugé pour avoir rendu publiques sur le Net des listes de fréquences radio que les services de renseignements français considéraient comme confidentielles. En l'espèce nous serions presque tentés de ne plus parler de hackers mais d'« haktivistes ». Le plus célèbre de ces hackers est probablement Kevin Mitnick. Condamné par la justice américaine pour violation de matériel informatique, il est sorti de prison en janvier 2000, après cinq ans d'emprisonnement. Il travaille maintenant dans une entreprise spécialisée dans la sécurité informatique. Mais la compétition entre hackers est redoutable et Mitnik a eu la surprise de découvrir en mars 2003 que son propre site avait été piraté. Il est vrai que, pour tout hacker, avoir Mitnik à son tableau de chasse est évidemment une référence.

Ces cyberdélinquants sont généralement des jeunes gens d'une vingtaine d'années, étudiants, sans antécédents judiciaires, et attirés par ce jeu de gendarmes et de voleurs, même s'ils encourent le risque d'être condamnés à deux ans de prison et 150 000 euros d'amende.

Pour résumer, cette catégorie de hackers correspond le plus aux critères d'une cyberdépendance, avec une forte composante de recherche de sensations, de lutte contre l'ennui. On se retrouve dans ces cas face à une véritable dépendance passionnelle, avec une forte connotation de prise de risque.

D'autres hackers, appelés aussi « crackers », ont eux une activité destinée strictement à nuire. Il s'agit alors de détournements de cartes de crédit, d'écritures falsifiées ou d'escroqueries en tout genre, de contamination de systèmes informatiques par des virus ou d'attaques de sites particuliers (partis politiques par exemple).

On constate récemment une recrudescence de ces pratiques. Ainsi, les cyberattaques, comme celles dont ont été victimes récemment des services gouvernementaux aux États-Unis, en France et en Allemagne, ciblent de plus en plus des serveurs officiels. Les attaques peuvent se dérouler sur plusieurs semaines, voire plusieurs mois, sans laisser de traces. L'objectif affiché est la récupération des informations, dans un combat qui prend des allures de guerre électronique. Depuis deux ans, il n'y a pas eu de grande « épidémie virale », comme le fameux virus « I love you » qui avait contaminé des millions d'ordinateurs à travers le monde. Désormais, les cyber-criminels se livrent à des attaques très dissimulées, *via* des programmes malveillants très sophistiqués, les « chevaux de Troie », qui prennent le contrôle de l'ordinateur à l'insu de l'utilisateur et accomplissent des fonctions néfastes (vol, modification ou destruction de fichiers).

Des cas très fréquents de vols de données sont ainsi enregistrés, allant du simple vol des coordonnées postales et bancaires, jusqu'aux données plus sensibles comme les codes personnels d'accès, permettant l'achat frauduleux de biens, des changements d'adresse.

Il est très difficile de remonter jusqu'aux auteurs de l'intrusion, les pirates utilisant la technique du « rebond » pour brouiller les pistes, passant par un ou plusieurs pays intermédiaires avant de se lancer sur leur proie. Ainsi les dernières cyber-attaques qui ont visé les systèmes d'information français ont transité par la Chine, pays qui héberge le plus grand nombre de pages Web infectées.

Il faut souligner que l'arsenal de lutte contre la cybercriminalité est assez restreint. L'engagement du gouvernement français est de développer les compétences des services de police et de gendarmerie dans le domaine et de former six cents fonctionnaires. Leur tâche sera la lutte contre la pédophilie sur Internet, contre les spams, contre les échanges de virus, les détournements de codes de cartes bancaires. Bien évidemment cette politique nécessite une collaboration accrue entre divers services sur le plan national mais surtout avec les services étrangers. On a pu ainsi mettre au jour les agissements d'un groupe américain, le Shadow Crew, groupe spécialisé dans le vol des codes bancaires, notamment français.

WEB ET FAITS DE SOCIÉTÉ

Certains faits de société sont trop vite imputés, à notre sens, à la fréquentation du Web. Il faut, en général, se méfier de ces conclusions souvent hâtives, mais il existe cependant quelques exemples dans lesquels le rôle incitatif du Web apparaît de manière évidente. Ainsi, le massacre de Littleton, aux États-Unis. Dans un collège, le 20 avril 1999, date anniversaire de la naissance d'Adolf Hitler, deux étudiants armés font irruption dans une salle de classe. Ils tirent à l'aveugle et tuent une dizaine de leurs camarades, avant de se donner eux-mêmes la mort. La préméditation de leur geste apparaît suite à la consultation du Web et des messages testaments qu'ils ont enregistrés la veille. Ces jeunes, faisant partie d'un groupe qui s'appelait les « Trench Coat Mafias », avaient prévenu, la veille de leur passage à l'acte, sur le Web, qu'un fait important devrait se produire, sollicitant ainsi l'attention d'autres jeunes. En fait, les deux jeunes qui, une fois le crime accompli, se sont donné la mort faisaient partie d'un groupe semblable à certains groupes sataniques. Ces jeunes expriment une grande détresse personnelle et sont facilement influençables. Ayant un look particulier – tous habillés en noir, ils prônent le culte de la mort. Un mois jour pour jour après ce massacre, un nouvel acte du genre fut perpétré dans un autre lycée américain, là aussi le moyen de communication était le Web.

Les agissements de ces jeunes peuvent être expliqués par un phénomène très à la mode, celui de la performance (ici dans le sens du dépassement de soi, mais aussi dans le sens premier du terme anglais : *to perform* – se donner en spectacle). Ce phénomène, très répandu, utilise à l'heure actuelle des médias très différents, les plus prisés étant le Web (voire YouTube) ou la diffusion par MMS sur les téléphones portables.

Cette escalade de violence donne le vertige et nous pouvons nous demander parfois où s'arrêtera une telle surenchère. Le comble de l'horreur est probablement représenté par les « snuff movies », dans lesquels un assassinat est commis sans simulation. Cette déclaration de Roman Polanski sert d'introduction au film *The Evolution of Snuff*, film qui tente de retracer l'histoire des « snuff movies ». Ce type de films apparaît dans les années 1970 et montre des scènes sexuelles très cruelles, avec une garantie de réalisme (absence de trucage, viols réels). Il s'agit le plus souvent de films à petit budget réalisés en famille, dont le contenu est loin d'être lié au crime. Pourtant, les services spécialisés de police de par le monde pensent qu'une petite quantité de ces films réputés comme « snuff » sont réels. Internet serait ainsi pour certains spécialistes le lieu de vente et de présentation de ces films. Il n'est pas rare de trouver sur Internet des extraits de films reproduisant des viols et des crimes, d'un réalisme presque parfait, films qui sont téléchargeables contre des sommes importantes. Nous pouvons même nous demander si les histoires de « snuff movies » ne font pas partie des légendes urbaines [5]. Bien évidemment Internet n'est pas exempt des phénomènes de rumeur, augmentés par la capacité de rapidité de circulation et d'amplification proposée par l'outil lui-même.

WEB ET DROGUES

Il existe des sites qui proposent la vente en ligne de drogues. Qu'il s'agisse de cannabis, de drogues de synthèse ou de médicaments détournés de leur usage, le cybermarché de la drogue est en pleine expansion. Les moyens de contrôle sont difficiles à mettre en œuvre compte tenu de la différence de législation entre les pays et des milliers de pages difficiles à surveiller.

Une des choses les plus préoccupantes est l'apparition de sites qui proposent des recettes de fabrication de certains types de drogues, comme, par exemple, le GHB – gamma hydroxy-butyrate, présenté par les médias comme la drogue des violeurs [6]. L'histoire du GHB utilisé comme drogue est intéressante car elle combine à la fois le problème des drogues de synthèse, de la circulation des informations *via* Internet et de l'organisation de trafics de taille plus ou moins importante. En 1998, les services de police français ont été avertis *via* Interpol de l'existence de certains mélanges vendus comme de l'ecstasy, mais qui contenaient en dehors de la molécule active de l'ecstasy – MDMA – d'autres substances psychoactives. L'une de ces substances était le GHB [7], dont l'usage comme drogue était alors inconnu. Le fait divers qui a propulsé le GHB sous les feux de la rampe est l'histoire malheureusement triste dont deux adolescents nord-américains ont été victimes. Ils ont trouvé sur un site anglais la recette de la fabrication de cette substance, mais le système de mesure anglais étant différent du système américain, les jeunes se sont largement trompés dans les dosages. Le résultat de leur expérience chimique, effectuée dans la cuisine familiale avec du matériel basique, a été la production d'un mélange très dangereux pour la santé qui les a conduis aux urgences d'un hôpital de Philadelphie. L'alerte d'Interpol concernait le danger de la synthèse de cette molécule et le risque de trouver le mélange MDMA-GHB vendu en soirées raves comme ecstasy à des jeunes non préparés aux effets différents de ce mélange [8]. Le problème s'est posé à l'époque en termes de connaissance de cette molécule par les spécialistes français qui ont découvert cette substance. Nous avions dès 1996, dans les pages « toxicomanie » du site Psydoc à la Fédération française de psychiatrie (psydoc-fr.broca.inserm.fr), décrit cette substance et ses effets [9]. Par la suite nous avions signalé également que circulaient sur Internet deux préparations, l'une liquide, l'autre solide, qui, une fois mélangées, permettaient d'obtenir du GHB. Il était possible de se les procurer sur certains sites. Ces préparations étaient livrées dans le même colis par fournisseur rapide (maximum 72 heures), le flou juridique concernant ce que l'on appelle les précurseurs était à l'époque énorme. Depuis les lois se sont durcies, mais il existe d'autres manières de se procurer ce type de produits par des filières aussi rapides et fiables [10]. À ce propos, les filières du dopage – chez des sportifs de haut niveau mais aussi dans la pratique quotidienne du sport de loisir – s'alimentent régulièrement sur ces sites (l'éphédrine ou *herbal ecstasy*, substance prohibée, est vendue sur le Web sous forme de comprimés et boissons énergisantes, comme extraits de plantes ou mélanges présentés comme sans danger).

Les sectes

Le domaine des sectes est bien un secteur où Internet montre toute sa complexité. En effet ses particularités, que ce soit au travers de son aptitude à la mise en dépendance ou de sa formidable capacité à faire circuler des informations, fussent-elles de propagande, ont permis à certaines sectes de se développer par l'augmentation du nombre de personnes contactées et donc des disciples potentiels.

Mais, *a contrario*, Internet est également un formidable moyen de lutte contre les organisations sectaires.

Le principe commun à toute organisation sectaire est de jouer sur la dépendance affective qu'elle induit chez ses membres, les jeunes représentant une proie de choix.

Il n'est pas toujours facile de définir à partir de quand une organisation quelconque présente un caractère sectaire. Une commission d'enquête a cherché en France à cerner quelques points qui permettraient d'établir ce diagnostic.

Parmi les indices permettant de supposer l'éventuelle réalité de soupçons conduisant à qualifier de secte un mouvement se présentant habituellement comme religieux, elle a retenu :

– la déstabilisation mentale ;

– le caractère exorbitant des exigences financières ;

– la rupture induite avec l'environnement d'origine ;

– les atteintes à l'intégrité physique ;

– l'embrigadement des enfants ;

– le discours plus ou moins antisocial ;

– les troubles à l'ordre public ;

– l'importance des démêlés judiciaires ;

– l'éventuel détournement des circuits économiques traditionnels ;

– les tentatives d'infiltration des pouvoirs publics.

Pressentant qu'Internet était le média de l'avenir, les sectes s'en sont emparées pour diffuser leur propagande et recruter des adeptes. Les plus riches d'entre elles dépensent des sommes considérables pour constituer et animer des sites attractifs et bien fournis. Certaines ont même passé des accords avec des moteurs de recherche pour qu'une publicité de la secte apparaisse lorsqu'on lance une recherche à partir du mot religion.

La place de l'Internet comme lieu de pratique de la prophétie est telle qu'à l'heure actuelle on ne dénombre pas moins de 50 000 sites de sectes (autant que les sites de pornographie).

Ainsi, il suffit de taper « *cult* » (le mot anglais pour secte) ou « religion » et les moteurs de recherche nous offriront un classement. En quelques secondes, on arrive sur Moon et de nombreux sites de l'Unification : la liste de ses centres, les FAQ sur l'Église de l'Unification, un discours de Moon sur « La Vraie Famille et Moi » (en huit langues) prononcé à Paris en novembre 2002, une photo du révérend et de son épouse. Les moonistes jouent aussi de l'espace cybernétique pour user de leur droit de réponse.

La scientologie est certainement le mouvement auquel le plus de sites sont consacrés et elle est encore présente dans les sites antidrogue (Narconon), éducatifs (Association for better living and education) ou de réinsertion de délinquants et criminels (Criminon). Elle ne dédaigne pas non plus s'afficher comme défenseur des droits de l'homme (Citizens Commission on human rights).

D'autres sectes ont reconnu en Internet le média de l'avenir : les Témoins de Jéhovah, par exemple, ne se contentent plus de diffuser *La Tour de Garde* sur papier mais affichent des pages Web personnelles. Une association des Témoins de Jéhovah pour une réforme a aussi son site, tout comme les ex-Témoins (Watchtower observer).

Les Raëliens annoncent « La vérité enfin révélée », expliquent leur symbole et la « méditation sensuelle » (20 euros la cassette). Les Raëliens ont un site international et un site français.

Shri Mataji s'affiche souriante sur le Net et en profite pour affirmer que sa méthode sans effort de Sahaja yoga apporte à l'être humain un équilibre physique, mental, émotionnel et spirituel, des phénomènes prouvés par une étude publiée dans le *Journal of International Medical Sciences Academy* !!!

Les Krishna fournissent notamment les adresses de leurs centres et de magnifiques peintures sacrées peuvent remplir votre écran. La branche américaine de la Soka Gakkai fournit toute une série de définitions en rappelant que cette organisation est présente dans cent quinze pays.

Enfin, les Davidiens de David Koresh sont toujours très actifs sur le Web et proclament que leur gourou est toujours vivant.

Parmi les nouveaux venus sur le réseau : la Nouvelle Acropole ne dédaigne pas d'utiliser les moyens actuels de diffusion des idées.

Mais aussi différentes soient-elles, les sectes ont toujours un discours basé sur l'idée de persécution qui tend à démontrer que leur mouvement et leur pensée sont en lutte contre la pensée unique et l'establishment. Cette attitude générale des sectes explique les nombreux procès en diffamation qu'elles intentent. Elles luttent également contre leurs opposants ou leurs détracteurs en inondant les sites Web de ceux-ci par des spams et autres messages malveillants. Dans le même ordre d'idée, des scientologues ont attaqué en justice un moteur de recherche car celui-ci avait osé les référencer sous le mot-clef : « secte ».

Ces sites, par leur présentation ou leur contenu, présentent une image idéale d'une vie heureuse ou basée sur les promesses d'une vie meilleure. Mais on constate aussi l'importance de la propagande qui peut y être véhiculée. Ce véritable lavage de cerveau comprend généralement trois étapes. Dans un premier temps, le nouvel adepte est l'objet de preuves d'amour (*love bombing*). Puis il est l'objet d'un déracinement et d'un isolement censés le protéger de la société ou de sa famille. Enfin vient le temps d'une intense autocritique, d'une destruction du sentiment de soi et de toute identité personnelle, qui vont être remplacés par les incantations de la nouvelle idéologie répétées sans cesse. Une véritable secte est aussi caractérisée par une diabolisation de l'ennemi dans un contexte de persécution, par des exigences financières incessantes, très souvent une exploitation sexuelle et une très forte hiérarchie interne avec au sommet un gourou qui vit bien souvent dans l'opulence.

L'Internet et les sectes ont en commun le fait d'opérer une confusion entre réel et virtuel dans l'esprit de ceux qui s'y adonnent, sous-tendue entre autres par le foisonnement des échanges et des contacts, et la mondialisation de ceux-ci.

L'Internet agit alors comme le trait d'union entre les adeptes, mobilisables à chaque instant et prêts à tout pour obéir au maître. Cette dépendance est tristement illustrée par la secte « Heaven's Gate » (La porte du paradis). Le

26 mars 1997 : après avoir reçu un appel anonyme, deux inspecteurs de police découvrent les corps de 39 personnes (18 hommes et 21 femmes âgés de 26 à 72 ans) dans une villa de Rancho Santa Fe, près de San Diego (USA). Le gourou, Marshall Applewhite (66 ans, ancien séminariste, fils de pasteur presbytérien et ancien professeur de musique renvoyé en 1970 de l'université catholique de Houston) figurait parmi les cadavres. Tous les membres de la secte Heaven's Gate portaient des pantalons et des tennis de couleur sombre. Un voile pourpre plié en triangle était posé sur leur visage. Des cassettes vidéo avaient été envoyées à un ancien membre : les membres de la secte y faisaient leurs adieux et expliquaient leurs motivations à savoir « se défaire de leurs enveloppes » pour aller à la rencontre d'un ovni voyageant dans le sillage de la comète Hale-Bopp. Une lettre d'accompagnement mentionnait : « Quand vous recevrez ceci, nous nous serons débarrassés de notre contenant. » Le déroulement du suicide sur Internet et l'idée selon laquelle les sauveteurs vont utiliser le réseau pour les transporter, illustrent le rôle du Web.

Mais bien évidemment le Web peut aussi être un moyen de lutte contre les sectes, la puissance d'Internet en termes de circulation d'informations se retournant contre elles. Nous avons vu d'ailleurs que celles-ci sont particulièrement attentives et susceptibles aux contenus que certains opposants peuvent faire circuler à leur sujet.

On imagine bien qu'elles ne supportent aucun discours critique. C'est alors la lutte des mots-clés. Les sectes ont référencé des mots-clefs alléchants en association avec leur mouvement afin de provoquer le maximum de vocations chez les victimes potentielles. Mais lorsque celles-ci consultent les mêmes mots-clés, elles découvrent des sites de témoignage antisectes, des forums de discussion qui racontent l'étendue des escroqueries, des sites officiels qui démontrent les dangers liés à ce type d'organisations.

Les pactes suicidaires

Au mois de septembre 2008, en France, des jeunes filles avaient pris contact par Internet pour se suicider ensemble ; les suicides collectifs ne sont donc malheureusement pas l'apanage des seules sectes.

Se confondant avec la recherche extrême de sensations nous voyons se développer, notamment au Japon une nouvelle pratique : les pactes suicidaires par Internet. Ainsi, dès les premiers mois de l'année 2003, une vingtaine de suicides avaient été enregistrés par les autorités nippones. Si ce phénomène d'incitation au suicide en groupe par des jeunes est un phénomène mondial relativement récent (fin des années 1990), il faut se rappeler qu'au Japon le nombre de suicides parmi les jeunes adolescents et jeunes adultes est extrêmement élevé. Les acteurs de la santé publique indiquent ainsi, qu'il y a plus de sites où les gens peuvent échanger des méthodes de suicide et rechercher des partenaires pour ces suicides *on line* que de sites consacrés à la prévention.

Ces sites, véritables portails d'assistance aux candidats au suicide, se présentent sur un fond d'écran noir, avec des liens vers d'autres sites du même genre. Ils permettent également d'accéder à des lieux de chat sur lesquels s'expriment des personnes qui échangent les moyens physiques de mettre fin à ses jours. Il y a quelques années, un enseignant mettait à la disposition de jeunes des capsules de cyanure. Quelques jeunes sont passés à l'acte.

Le 11 février 2003, trois jeunes gens ont été retrouvés morts à Tokyo après un pacte conclu *via* Internet. Un jeune homme de 26 ans et deux jeunes femmes se sont donné rendez-vous dans un appartement vide après s'être mis d'accord sur les modalités de leur suicide.

Leurs corps ont été trouvés à Iruma, à 60 km à l'ouest de Tokyo par une lycéenne de 17 ans qui était elle-même entrée en contact avec eux par le même site. Ils sont morts d'une intoxication au monoxyde de carbone après avoir calfeutré les fenêtres avec du ruban adhésif et ingéré des médicaments.

Les trois jeunes gens s'étaient allongés côte à côte, les deux femmes emmitouflées dans des sacs de couchage distincts et l'homme enveloppé dans un manteau.

Ils s'étaient rencontrés quelque temps auparavant sur Internet pour discuter de leur projet et avaient ensemble choisi cet appartement vide comme leur destination finale.

Le jeune homme avait dit vouloir mourir parce qu'il ne trouvait pas d'emploi. La jeune fille survivante avait décidé de ne pas se joindre à eux. C'est elle qui a donné l'alerte.

Le mois de décembre précédent, l'homme, dépressif après une longue période de chômage, avait passé dans un forum consacré au suicide la petite annonce suivante : « Je suis à la recherche de partenaires pour un suicide... Si vous vous joignez à moi, je vous donnerai des somnifères mais les participants ne doivent être que des femmes. On se sent seul à mourir tout seul. »

Ces sites consacrés au suicide enregistrent également un nouveau type de demandes : celles de personnes d'âge moyen ou en préretraite souhaitant avoir des renseignements sur les moyens de mettre fin à ses jours et les astuces pour tromper les compagnies d'assurances.

Le phénomène des suicides japonais est analysé depuis des années par des spécialistes venus d'horizons différents (sociologues, psychiatres, journalistes). Ainsi, la hausse des suicides au Japon se chiffre à environ 7-8 % chaque année, avec un chiffre qui est trois fois supérieur au nombre de suicides par an en France (10 000 cas). Avec un tel taux de suicide, le Japon se situe sur la première place au sein des pays de l'OCDE. Les causes sont d'abord d'ordre socioéconomique, liées au surmenage au travail (le syndrome de Karoshi – signifiant « mort par surtravail », désigne la mort subite de cadres ou d'employés de bureau par arrêt cardiaque suite à une charge de travail ou à un stress trop important), au chômage et aux multiples problèmes de mauvaise adaptation au stress.

Un autre cas médiatique fut une série de cybersuicides qui se sont déroulés le 11 octobre 2004 ; dans le premier cas, des jeunes qui se sont rencontrés sur le Web ont planifié et mis en œuvre un suicide collectif impliquant sept personnes ; dans le deuxième cas, deux jeunes femmes se sont donné la mort après un autre pacte suicidaire. Toutes deux en avaient déjà tenté un. Les enquêteurs ont découvert par la suite des messages explicites : « Jeune femme recherche compagnons pour mourir », « Recherche partenaire pour suicide à deux ». Le plus inquiétant est le nombre considérable de réponses positives à ces messages, mais aussi la passivité de plusieurs centaines de personnes qui ont pu consulter ces messages sans intervenir ou même alerter les services de police.

Bien après ces faits dramatiques, les médias japonais ont commencé à montrer du doigt le seul

Web, l'impliquant avec force comme seul responsable de ces suicides. Pourtant, des spécialistes connus au Japon ont souligné plutôt l'aspect chaotique des infos sur le Web, l'absence totale de contrôle de ces infos, voire l'absence d'une charte de bonne conduite. On a aussi souligné le rôle joué par un film japonais sorti en 2000, *Suicide Club*, qui mettait en scène le suicide collectif de cinquante-quatre collégiens se jetant sous le métro. Dans cette optique, le phénomène des suicides collectifs apparaît comme lié à des causes multiples, les jeunes Japonais étant le produit d'une société qui fonctionne sur un mode collectiviste, certains manquant de confiance en eux-mêmes, souffrant de la solitude, incapables de lier des relations interhumaines, des jeunes pour qui le monde virtuel est un salut et l'Internet un support inestimable dans une quête de socialisation et de reconnaissance individuelle. Ainsi, dans le monde virtuel, les plus timides parviennent à nouer des amitiés, ils reprennent confiance. Selon la psychiatre japonaise Makiko Ooka, interrogée par *Libération* à l'époque des faits [11] : « Si deux jeunes sympathisent dans le virtuel et découvrent qu'ils ont des vecteurs communs, la même pulsion suicidaire par exemple, ils peuvent ressentir une profonde amitié l'un pour l'autre ; le cas échéant, cela peut aboutir à un pacte suicidaire en ligne. » Les autorités sanitaires japonaises considèrent le suicide comme un véritable problème de santé publique. Le taux de suicide (26 cas pour

100 000 habitants) et l'augmentation de 22 % du nombre de suicides chez les moins de 19 ans placent ce problème au centre de l'attention des spécialistes japonais.

Certes les suicides collectifs n'ont pas attendu la création d'Internet pour exister, notamment par ce que l'on appelle les suicides sectaires déjà évoqués.

Ainsi, le 18 novembre 1978, le plus grand suicide et massacre collectif a eu lieu au Guyana. Neuf cent quatorze adeptes du « Temple du peuple », fondé par le pasteur Jim Jones, sont retrouvés morts à Jonestown, dans la jungle équatoriale. Il s'agissait d'une secte *New Age* évangélique dont le fondateur décida, sous la menace d'une enquête pour prosélytisme de générer un suicide collectif par empoisonnement.

Le 26 mars 1997, trente-neuf corps sont découverts dans une villa de Santa Fe, en Californie. Tous membres de la secte « Heaven's Gate », ils ont abandonné leur enveloppe corporelle pour « rejoindre le vaisseau spatial dissimulé derrière la comète de Hale-Bopp », en voyage vers une « destination cosmique » connue d'eux seuls, dans le but d'atteindre un « niveau supérieur ».

La vidéo de ce suicide collectif a été diffusée sur le Web par le gourou de cette secte, Marshall Applewhite. Pourtant les suicidés n'étaient pas des marginaux, mais des gens en apparence équilibrés, qui habitaient une villa luxueuse et s'occupaient de la création de sites Internet. Véritables mordus de cyberespace, ils étaient persuadés de partir à la rencontre de la comète *via* le Web. Là où la question d'Internet prend tout son sens c'est le fait que, le lendemain de cet acte, le FBI a enregistré 900 000 connexions sur le site en question submergé par de nombreux messages de sympathie et d'appels au suicide. Mais là encore le goût du morbide n'a pas attendu Internet pour exister.

Le phénomène des cybersuicides n'est pas resté sans attirer l'attention des marchands de macabre. Ainsi, la société Global Spectrum gère un site Internet destiné à envoyer des messages posthumes, Lastemail.com qui compte déjà plus de 700 inscrits à travers le monde. L'utilisateur du service confie des messages électroniques qui ne seront adressés qu'après son décès, chaque message étant taxé. Cyniquement, le webmaster remarque que « le service ne remplace pas le dernier testament, c'est simplement une manière de laisser un dernier message ».

En France également les rapports entre suicide et Internet ne sont pas sans poser problème. Mais ils posent en réalité le problème de l'indifférence. Ainsi le 25 janvier 2005, deux collégiennes de 14 et 15 ans, d'un village du Pas-de-Calais, se jettent d'une falaise après avoir annoncé leur suicide sur Internet.

Le blog qu'elles ont tenu était truffé de phrases morbides, lues par près de 60 000 personnes. Cinq jours avant le passage à l'acte, l'une des filles écrivait : « Personne ne m'a poussée au suicide. Je voulais juste quitter cette terre si vide [12]. » Personne n'est intervenu. Heureusement il n'en est pas toujours comme cela : ainsi un Allemand qui voulait se suicider devant sa webcam a été sauvé suite à l'intervention de services de secours allemands avertis par un internaute espagnol.

Voyeurisme et exhibitionisme

Le Web est donc le lieu d'affichage de tous les états d'âme et des projets les plus fous, avec un double effet : trouver des acteurs pour la réalisation de ceux-ci et s'exhiber devant un public qui assiste aux échanges, à l'élaboration du projet, voire à sa réalisation.

Ce voyeurisme trouve également son compte dans la divulgation de journaux intimes, que l'on appelle des weblogs. Ils ont fait leur apparition sur le Net depuis environ deux ans. On les appelle aussi des joueb, des blogs dont le contenu est tenu à jour régulièrement par leurs auteurs.

Il existe deux sortes de blogs : les blogs informatifs dont nous parlerons plus loin et les blogs introspectifs, sorte de journal intime et autobiographique. Le succès de ces journaux intimes est complémentaire du développement des webcams. Ainsi la mésaventure d'un site américain qui en 2003 proposait, *on live*, par webcam la première expérience sexuelle d'un jeune couple. À l'heure prévue, annoncée quelques semaines auparavant, le réseau mondial s'est retrouvé saturé, bloqué par le nombre record de demandes de connexion.

Les webcams, qu'elles soient branchées en permanence ou seulement à certaines plages horaires du jour ou de la nuit, permettent de montrer aux autres l'intimité de son domicile. Elles associent ainsi l'exhibitionnisme de ceux qui s'exposent et le voyeurisme de ceux qui regardent.

Jeu pathologique

Nous constatons depuis 1996 l'existence d'internautes répondant aux critères d'inclusion dans la catégorie des joueurs pathologiques. Certains de leurs comportements présentent ces caractères addictifs : extrême plaisir tiré du jeu, dépendance, répétition et perte de contrôle. Ce tableau clinique que le DSM-IV classe parmi les « troubles du contrôle des impulsions non classés ailleurs », est caractérisé par la préoccupation pour le jeu, la tendance à augmenter la durée, l'incapacité à mettre un terme à la conduite et l'impossibilité d'y résister.

Avec l'avènement d'Internet, le jeu addictif prend un nouvel essor. On dénombre plusieurs centaines de casinos « virtuels » sur Internet. Le client-joueur paie par chèque ou par carte de crédit. Le casino virtuel lui remet l'équivalent en mise pour le jeu. La limite est habituellement de 1 500 dollars par jour.

Si le casino est virtuel, l'argent, lui, est bien réel, et les émotions fortes aussi. Le joueur compulsif peut perdre beaucoup, pousser à la limite ses marges de crédit, y investir son fonds de retraite, sa maison. L'anonymat des casinos virtuels est insidieux. Le drame se vit dans l'intimité du foyer ou du bureau. Comme tout joueur pathologique, celui-ci s'obstine dans sa démarche, et tente à maintes reprises sa chance, notamment lorsqu'il perd, dans l'espoir de « se refaire ».

Les serveurs informatiques de ces sites de jeux sont installés dans des pays où le régime fiscal est généreux et les lois réglementant le jeu plus souple (Bahamas, Antigua, Gibraltar). Certains casinos virtuels sont personnalisés, le service ouvert 24 heures sur 24. L'internaute-joueur est observé, scruté dans ses habitudes de jeu. Les firmes offrent des services de courriel afin de répondre à ses questions, dans sa langue maternelle. Quand le joueur gagne, un chèque lui est adressé par la poste.

Depuis peu un nouveau phénomène s'apparentant au jeu est apparu : le *day trading*. C'est une sorte de Bourse sur Internet. Les transactions se font rapidement. Les mises sont souvent risquées sur un marché où les valeurs boursières sont fluides. Il faut être aguerri pour réussir dans ce genre d'activité. Le cyberdépendant financier va consulter plusieurs fois par jour, la progression ou la régression de ses avoirs, en allant visiter le site Internet de son courtier.

Workaholisme

L'addiction au travail peut être définie comme une relation pathologique d'un sujet à son activité professionnelle, qui a fait de l'excellence au travail un véritable credo. Cette addiction est caractérisée par une compulsion à lui consacrer de plus en plus de temps et d'énergie, et ce en dépit des conséquences négatives sur la santé du sujet et sur sa vie personnelle affective et familiale. Ce nouveau phénomène que les Américains appellent *workaholism* est décrit par les spécialistes comme la plus propre des addictions. La pression sociale et son acceptation font de cette addiction un des meilleurs exemples d'addiction positive comme nous le verrons dans le cadre des dépendances socialement acceptées.

Il est évident qu'Internet, outil du salarié, sera concerné au premier chef par ce type d'addiction.

Parmi les critères rencontrés le plus souvent il faut citer :

– hyperactivité ;
– esprit de compétition et de défi ;
– forte personnalité d'entreprise ;
– désir illimité de satisfaction professionnelle ;
– véritable culte de l'entreprise et du travail ;
– difficulté à s'octroyer des loisirs, voire désintérêt total de ceux-ci ;

– détente difficile pendant les vacances et les week-ends (ramener du travail à continuer même sur le lieu des vacances) ;

– négligence de la vie familiale (conjoint(e) et enfants) ;

– existence des manifestations de stress au travail.

Nous pouvons décrire trois étapes caractéristiques dans l'installation de ce type de trouble :

1. Au premier stade, le travailleur est débordant d'énergie et ses capacités sont augmentées, il fait souvent un nombre impressionnant d'heures supplémentaires.
2. Au deuxième stade correspond l'apparition des difficultés dans la vie familiale et sociale.
3. Cet ultime stade est caractérisé par une forte diminution des capacités de travail, l'apparition de troubles psychosomatiques (troubles du sommeil, lombalgies, hypertension artérielle, syndrome de fatigue chronique, céphalées persistantes, problèmes cardio-vasculaires, ulcère gastroduodénal).

Enfin ce type spécifique d'addiction s'accompagne de symptômes ou de comportements associés : ainsi le surmenage, le *burn out* des pays anglo-saxons ou le *karoschi* japonais, renvoie à cet épuisement physique et psychique total dans lequel les workaholiques se retrouvent. Pour résister à cet épuisement les sujets vont souvent être amenés à utiliser des produits stimulants.

Véritables conduites dopantes où se mélangent médicaments, produits divers ou véritables drogues, certains auteurs parlent de dopage au quotidien, tant le mécanisme est comparable à ce que l'on rencontre dans certains milieux sportifs [13].

L'outil Internet faisant partie de la panoplie de travail de ces sujets, il va être lui-même associé à cette pathologie à travers d'autres comportements dont nous avons précédemment parlé : cyberdépendances dont la dépendance aux connexions, infolisme, mais aussi d'autres types d'addictions cyberassistées telles que les jeux (vidéo ou autres), la consultation pour les sites pornos, les achats compulsifs, etc.

Achats compulsifs

L'achat compulsif est un comportement permanent ou intermittent, caractérisé par une irrésistible envie d'acheter, une tension avant le comportement et sa résolution par la réalisation d'achats. Internet étant la plus grande vitrine du monde, le plus immense des centres commerciaux, il est logique que les pathologies liées au comportement d'achat y soient largement représentées.

Ce qui prime dans l'achat compulsif, c'est l'acte d'acheter par rapport au fait de posséder l'objet. Ce comportement pathologique est caractéristique du type de comportement qui va se trouver majoré par un outil comme Internet. Celui-ci rend plus faciles, plus accessibles les achats auprès de fournisseurs qui sont généralement ouverts 24 heures sur 24.

Cela a engendré aux États-Unis un véritable fléau social, appelé *buying spree* (frénésie d'acheter).

Il est intéressant de souligner le rapport entre notre société, qui est par définition une société de consommation provoquant le besoin d'acheter par le biais de la publicité ou de la politique de marketing, et certaines personnes incapables de résister. Elles mettent en acte de façon impulsive un désir socialement stimulé. Le nombre important des cyberconsommateurs doit nous questionner. À ce titre, Le Deuxième Monde, contient à tous les coins de rue des affiches publicitaires et offre la possibilité de visites virtuelles dans des espaces commerciaux, visites pouvant se solder par des achats *on line*. Ceux-ci sont bien réels cette fois-ci, et payés avec de l'argent également réel, rajoutant au surendettement de ces sujets.

On décrit plusieurs types d'acheteurs, en fonction d'un rapport plus ou moins normal aux achats. Certains auteurs comme Valence [14] prennent en compte quatre dimensions : l'importance de la sensation de manque ou de besoin, l'implication dans la situation d'achat, la fréquentation des magasins et les relations avec les vendeurs, la signification psychologique de la dépense et de la possession.

Cette typologie du consommateur s'établirait ainsi :

1. Le consommateur « émotionnel » est très attaché au symbolisme et à la valeur sentimentale de l'objet acheté. L'achat apparaît comme une autothérapie anxiolytique et/ou antidépressive.
2. Le consommateur « impulsif » est envahi par un désir soudain et spontané d'acheter. L'acheteur présente un fort sentiment de culpabilité après l'acte et vis-à-vis des dépenses engagées.
3. Le consommateur « fanatique » est un véritable collectionneur – achetant le même objet ou type d'objet de manière répétée.
4. L'acheteur « compulsif » accomplit son acte comme une manière de lutte contre des tensions internes, des angoisses incontrôlables. Il éprouve souvent un fort sentiment de frustration en cas d'empêchement (contrainte de prix, familiale).

Faber et O'Guinn [15] ont recherché les achats compulsifs à l'aide de la Compulsive Buying Scale. Ainsi ils estiment que la prévalence des achats compulsifs atteint environ 6 % en population générale.

Internet avec son ouverture vers les cybermarchés représente une mine d'or pour les commerçants, qui savent rendre très attrayantes leurs vitrines virtuelles. Ils bénéficient souvent, pour les promotions ou pour attirer de nouveaux clients, du support offert par des grands instituts de sondage et de marketing qui mettent à leur disposition des carnets d'adresses mail. Les

1. Vous arrive-t-il d'être saisi(e) d'une irrésistible envie d'aller dépenser votre argent pour faire un achat quel qu'il soit ?	OUI	NON
2. Vous arrive-t-il d'acheter des objets qui vous paraissent inutiles ensuite ?	OUI	NON
3. Vous est-il arrivé de vous sentir énervé(e), agité(e) ou irritable quand vous n'avez pas réalisé un achat ?	OUI	NON
4. Vous arrive-t-il d'éviter certains magasins de crainte d'acheter trop ?	OUI	NON
5. Proposez-vous à quelqu'un de vous accompagner dans vos courses seulement pour éviter d'acheter trop ?	OUI	NON
6. Avez-vous déjà caché des achats à votre entourage ?	OUI	NON
7. Une irrésistible envie d'acheter peut-elle vous amener à manquer une sortie avec des amis ?	OUI	NON
8. Vous êtes-vous déjà absenté(e) de votre travail pour faire des achats ?	OUI	NON
9. Un ou plusieurs achats ont-ils pu provoquer des reproches de votre entourage ?	OUI	NON
10. Un ou plusieurs achats ont-ils pu provoquer une mésentente prolongée ou une séparation ?	OUI	NON
11. Est-il arrivé qu'un achat soit responsable de difficultés bancaires ?	OUI	
12. L'un de vos achats a-t-il été responsable de poursuites judiciaires ?	OUI	NON
13. Avez-vous continué à faire des achats malgré les difficultés (familiales ou financières) qu'ils provoquaient ?	OUI	NON
14. Regrettez-vous régulièrement vos achats ?	OUI	NON
15. Vos achats sont-ils précédés d'une impression de tension et de nervosité ?	OUI	NON
16. La réalisation de vos achats apaise-t-elle la tension ou la nervosité ?	OUI	NON
17. Existe-t-il des périodes d'achats multiples, excessifs, accompagnées d'un sentiment de générosité ?	OUI	NON
18. Vous arrive-t-il d'acheter quelque chose sur un « coup de tête », sans l'avoir prévu à l'avance, au moins une fois par mois ?	OUI	NON
19. Les achats « coup de tête » ou excessifs, s'ils existent, représentent-ils au moins un quart de vos revenus ?	OUI	NON

ventes sont facilitées par des organismes de crédit qui peuvent offrir des crédits alléchants aux premiers venus, sans la moindre analyse de leur situation financière, sans la moindre garantie. Beaucoup de ces personnes se trouvent par la suite en litige avec ces organismes et devant les commissions de surendettement.

Les no life

Un *no life* est une personne qui consacre une très grande part, sinon l'exclusivité de son temps à pratiquer les jeux vidéo.

Le terme apparaît avec les premiers jeux vidéo en ligne, et est employé depuis pour les jeux de type FPS (*first-person shooter*), ou les MMORPG (tels que World of Warcraft).

L'image d'un *no life* est généralement négative : mauvaise hygiène de vie, difficultés scolaires, professionnelles, amoureuses ou sociales, tableau psychique de détresse, de dépression ou de pathologies plus graves.

Bien évidemment le phénomène est en train de se répandre dans la communauté des joueurs en ligne. Les facteurs communs qui peuvent expliquer ce développement sont d'une part l'ennui croissant de certains jeunes qui se désintéressent de l'école, de la vie sociale jugée trop lisse et sans sensation et d'autre part le potentiel addictif intrinsèque de ce type de jeux.

Les conséquences peuvent s'avérer lourdes, tant pour le joueur que pour son entourage. Les liens sociaux, familiaux s'en ressentent, l'évolution scolaire ou professionnelle est altérée et dans des cas extrêmes apparaissent des conséquences sur la santé physique (mauvaise hygiène de vie, carence alimentaire).

Cette notion de *no life* peut être comparée à d'autres phénomènes décrits par les sociologues tels que les *otaku* japonais qui désignent le fan absolu, celui qui ne vit que pour et par les mangas, les animations et les jeux vidéo, ou encore les *nerd* nord-américains, fans d'informatique rivés en permanence à leur écran et déconnectés de toute réalité. Plus extrêmes, les *hikikomori* désignent ces jeunes adultes qui restent cloîtrés chez eux, souvent par dégoût de la société, et préfèrent être dans un enfermement quasi permanent dans leur chambre, devant leur ordinateur. Ils refusent toute communication avec le monde réel et leur vie sociale est dramatiquement pauvre.

CHAPITRE IV

La cyberdépendance : une dépendance socialement acceptée

Qu'il s'agisse de cyberdépendance ou de dépendance cyberassistée, nous avons bien vu que cet outil Internet peut être l'objet de tous les usages, même les usages les plus pathologiques.

Internet est un outil de communication extraordinaire certes. Mais, comme tout outil, il n'échappe pas pour autant à la logique de dépendance potentielle du même type que celles rencontrées avec les drogues. Internet se distinguerait de celles-ci par le fait que ces dernières créent un besoin artificiel. Internet, lui, répondrait à un besoin inné, celui de communiquer avec autrui en fournissant un moyen d'une grande puissance et infiniment malléable. Il ne créerait pas de besoin artificiel, il répondrait juste à un besoin fondamental.

Cette opposition entre besoin artificiel et besoin fondamental conduit vite à une impasse. En effet, il semble raisonnable d'imaginer par exemple que les drogues créent certes des dépendances acquises (ou artificielles). Mais ces dépendances sont portées par des besoins ou tout au moins des aspirations qui, elles, sont innées : besoin de bonheur (opiacés), besoin de tranquillité (CNB), besoin d'énergie (cocaïne et amphétamines), besoin de recherche spirituelle (hallucinogènes).

Les dépendances ne sont jamais dues au hasard. Elles ont toujours une fonction très précise.

L'addiction est une solution avant d'être un problème

Il faut bien comprendre que toute toxicomanie ou toute dépendance est une solution avant de devenir un problème. C'est une solution parce qu'elle apporte une réponse à une question qui n'avait jamais été résolue auparavant par l'individu. Certains de nos patients qui se décrivaient en proie à une angoisse monstrueuse, avec le sentiment qu'ils allaient de façon imminente tomber en morceaux, ont découvert que ces sensations insupportables pouvaient disparaître en quelques dixièmes de seconde par la prise de produits opiacés. Cette autre personne, clouée par la dépression, incapable de bouger, de penser ou de vouloir, découvre que la cocaïne lui apporte l'énergie et la force qui lui faisaient défaut.

Dans tous ces cas nous voyons bien que cette prise de drogue correspondait très exactement à une tentative de résolution de problème. Le terme « tentative » est d'ailleurs inexact, dans la mesure où il faut reconnaître que les opiacés sont remarquablement efficaces sur l'angoisse de morcellement, sur l'angoisse psychotique, que la prise de cocaïne est sans conteste un stimulant et un briseur de soucis, comme disait Freud, tout à fait performant

Le problème est que ce type de « traitements » sont des mauvais traitements parce qu'ils ont un effet secondaire redoutable : en cas de prise répétée ou durable, ils entraînent une dépendance. C'est à ce moment-là que la solution devient problème, avec le double handicap d'ajouter à la difficulté initiale qui est de plus en plus mal résolue par la drogue celle de la dépendance nouvellement acquise.

Dans le cas de la cyberdépendance, l'addiction apparaît très clairement comme une compensation et une résolution de problème. C'est ce dont témoignent les personnes qui se trouvent ainsi piégées.

« Ma vie est ennuyante, il ne se passe jamais rien d'autre que métro, boulot, dodo. Mon travail est routinier et mes loisirs inexistants. Sur Internet, c'est l'excitation perpétuelle : la Bourse en ligne, y a rien de plus intense. Faire un profit rapide, c'est un plaisir incomparable », nous raconte un patient dont, malheureusement pour lui, les placements n'ont pas toujours été fructueux.

Ou cet autre témoignage d'un accro des jeux vidéo en ligne : « J'ai toujours été complexé car depuis que je suis né je fais plus jeune que mon age : je suis petit, j'ai une tête de poupon. Mais, sur Internet, c'est tout l'inverse. Je suis le plus fort. Dans les combats, que ce soit contre des monstres ou contre d'autres joueurs, je suis toujours vainqueur. J'ai passé beaucoup de temps à constituer ma guilde et maintenant je suis le chef d'une armée de 250 hommes. Je suis régulièrement consulté par d'autres joueurs qui me demandent des conseils ou me proposent des alliances. »

La compensation bien sûr n'échappe pas à la sphère sexuelle : « Ma vie sexuelle est un désert, et les rencontres avec des filles m'ont toujours terrorisé. Par Internet, je trouve des images qui m'excitent mais ce que je préfère ce sont les chats. Je peux avoir avec des femmes des conversations qui me stimulent et me permettent de satisfaire mes fantasmes. Et peut-être même qu'un jour cela me permettra de rencontrer une fille pour de bon. »

Mais les compensations principales touchent à la sphère relationnelle et sociale ainsi qu'en témoignent ces deux patients :

« Par Internet j'ai réussi à me constituer le réseau d'amis que je n'ai pas dans la réalité. Les contacts sont plus simples, plus sympas. Je suis plus à l'aise car les gens ne peuvent pas me voir. Les rencontres sont à la fois intimes par les propos que l'on échange mais on reste anonyme. Moi qui n'ai pas d'ami et n'ose parler à personne, j'ai trouvé sur Internet le lieu de ma vraie vie. Internet me semble un monde où il y a plus de tolérance. »

« Je suis trop émotif et j'ai peur des gens. Dès que dans les discussions je ne suis pas d'accord, soit je pleure, soit je m'énerve et je peux même devenir violent. Sur Internet les gens sont moins agressifs et plus tolérants. C'est plus facile pour s'exprimer, on n'est pas obligé de répondre tout de suite et je peux laisser passer le temps de l'émotion ou de la colère. »

Il est facile, pour chacun de ces exemples, de voir comment une part d'Internet sert à compenser une insatisfaction ou une difficulté souvent problématique de la vraie vie Dans tous ces cas, Internet est donc la solution permettant de régler une problématique, une difficulté de la vie réelle et quotidienne.

Addiction et tolérance sociale : la société ne traite pas toutes ces addictions avec la même sévérité

Nous voyons bien alors en quoi l'addiction est une réponse, maladroite et désespérée, certes, mais une réponse tout de même à une difficulté initiale. Nous avons précédemment abordé le fait que tout objet ou tout comportement peut jouer cette fonction de résolution partielle des problèmes. C'est pourquoi nous avons employé pour certaines addictions le terme de toxicomanie sans drogue : le jeu, le sexe, le travail, le sport et bien évidemment Internet et les jeux vidéo pourront remplir cette fonction d'objet de l'addiction.

Quel que soit l'objet de cette addiction, la finalité reste la même, la problématique est identique et la difficulté à se déprendre de cet objet ou de ce comportement est aussi grande.

Il existe cependant, pour toute addiction, une particularité qui fera toute la différence, c'est celle de la tolérance sociale.

En effet, les sociétés, quelles qu'elles soient, n'ont rien contre les dépendances. Bien au contraire. Nous verrons plus loin que la constitution de dépendances est un des facteurs de construction et probablement de stabilité sociale. Mais la société ne peut accepter que les dépendances qu'elle contrôle ou qui ne la mettent pas en danger. Ces deux objectifs peuvent parfois être antinomiques. Nous le voyons avec les produits légaux que sont l'alcool ou le tabac. Produits qui semblaient être sous contrôle mais dont le coût économique et social, notamment en termes de dépenses de santé, n'est apparu que récemment comme un danger pour la société entière. Celle-ci a donc décidé de légiférer : baisse régulière du taux d'alcoolémie accepté (de 0,8 en 1970 à 0,5 g depuis 1995), interdiction de fumer dans les lieux publics. Ces nouvelles dispositions étant bien évidemment l'objet de critiques de la part de ceux qui vivent de ce commerce.

Nous pouvons donc affirmer que cette notion de mise en danger du corps social apparaît de façon objective et est devenue finalement inacceptable même en ce qui concerne l'usage de produits naturellement toxiques.

Même certains médicaments n'échappent plus à cette inquiétude. Nous savons que des dizaines, voire des centaines de milliers de personnes ne pourraient vivre sans leur dose quotidienne d'anxiolytiques et de somnifères. Il est légitime de dire qu'il s'agit là d'une réelle dépendance. Il est intéressant de noter que, dans un pays comme la France, championne du monde de la consommation de médicaments sédatifs, la question des médicaments commence enfin à être abordée, notamment par le biais de l'impact de celle-ci sur la sécurité routière.

Mais ce repérage de la dangerosité et du coût social est beaucoup moins évident pour d'autres types de comportements.

Prenons le cas des workaholiques. Ces personnes sont des sujets totalement dépendants de leur activité professionnelle. On y retrouve les mêmes mécanismes, les mêmes symptômes et au bout du compte la même souffrance que dans toute autre forme de dépendance. Ce sont des patients qui vont consacrer de quinze à dix-huit heures par jour à leur activité professionnelle, sans week-end et généralement sans vacances. Ils abandonnent progressivement tout investissement pour d'autres pôles d'intérêt nécessaires à une vie équilibrée : vie familiale délaissée, vie sociale absente, aucune activité de loisir. Toute l'existence du patient est centrée de façon exclusive sur son activité professionnelle. Cette symptomatologie est une réelle pathologie. Mais, si cette dépendance prête à sourire, c'est parce qu'elle est socialement acceptée, voire encouragée. Dans un premier temps, ce comportement ne sera pas considéré, par le corps social, comme une pathologie. Bien au contraire elle sera élevée au rang d'exemple que devrait suivre tout bon citoyen. Elle ne sera socialement interprétée comme pathologique que lorsque la souffrance sous-jacente dont nous parlions fera surface de façon tonitruante dans la vie du sujet que ce soit sous forme de *burn out*, de dépression sévère ou de passage à l'acte violent.

Nous sommes dans le même cas de figure en ce qui concerne la cyberdépendance. Dans les années 1990, lorsque qu'Internet et les jeux vidéo se sont développés, un risque de dépendance ne semblait pas constituer une inquiétude. Cette attitude était d'ailleurs légitime puisqu'il faut répéter que la majorité des jeunes et des moins jeunes ont une utilisation raisonnable de l'outil Internet. Mais, parce que cet outil était connoté positivement par l'ensemble du corps social, tout repérage des abus ne pouvait se faire que tardivement.

Il fallait véritablement que la dépendance devienne invalidante pour que les signaux d'alarme soient tirés. Combien de parents nous ont dit qu'ils étaient satisfaits de voir leurs enfants « se consacrer à l'informatique », ou « qu'ils préféraient voir leurs enfants devant leur ordinateur plutôt qu'à traîner dans les rues ». Ce n'est qu'à partir du moment où la nouvelle passion de leurs enfants se faisait aux dépens des autres activités habituelles que les parents commençaient à s'inquiéter. En premier lieu venait l'inquiétude face à la baisse des résultats scolaires et à la découverte d'un absentéisme. Mais également l'arrêt de la pratique du sport auquel l'adolescent semblait très attaché auparavant, la disparition des copains autres que ceux partageant la même passion pour Internet et les jeux vidéo ou enfin l'arrêt de toute relation amoureuse ont été des signaux qui ont poussé les parents à demander de l'aide.

La construction sociale d'une addiction : une addiction n'existe que lorsque son existence est reconnue par tous

Au total, pour qu'une addiction existe, et indépendamment des signes cliniques, il faut qu'elle soit socialement reconnue. C'est ce que nous appelons la construction sociale d'une addiction. Ce n'est qu'à partir du moment où cette prise de conscience collective a eu lieu que l'addiction peut être reconnue, parlée et prise en charge. Le cas du jeu pathologique en est un bon exemple. Les premières préoccupations cliniques concernant cette addiction particulière datent des années 1990. Ce n'est que dans les années 2005 qu'elle a été socialement reconnue. Depuis quelque temps maintenant, même les opérateurs de jeux tels que la Française des jeux, le PMU ou les casinos ont compris l'ampleur du problème et se sont associés à des actions spécifiques pour le développement du jeu responsable. Ces opérateurs ont compris qu'il était de leur intérêt de venir en aide aux personnes qui font du jeu une pathologie, afin que la majorité de leurs clients qui ne sont pas, eux, dans une démarche pathologique puisse continuer à jouer. Il aura fallu une quinzaine d'années pour que cette prise de conscience et de responsabilités ait lieu.

Si certains comportements à l'évidence addictifs sont tolérés et parfois même encouragés par la société, c'est parce qu'ils font partie de ce que l'on appelle les amortisseurs sociaux. Ces amortisseurs sociaux participent directement à l'équilibre social. Ils font partie et même créent les conditions de la paix sociale. Nous avons cité précédemment le développement de l'usage des médicaments sédatifs ou tranquillisants, mais les amortisseurs sociaux peuvent être multiples et variés : la télévision, la médiatisation d'événements sportifs ou autres, certaines traditions, ou certaines passions collectives servent à canaliser l'énergie et la violence des populations. Rendre possibles les émotions collectives ou donner l'opportunité dans un cadre organisé de se défouler sont autant d'aménagements qui permettent à l'ensemble de tenir, de ne pas exploser dans des fureurs qui seraient beaucoup plus difficiles à gérer. Le rôle du carnaval au Brésil ou de la fête de la bière à Munich s'inscrit dans cette ligne. Dans le même ordre d'idée, en France la délinquance chute à chaque coupe du monde de football et dans une moindre mesure à chaque jeux Olympiques. Historiquement d'ailleurs les jeux Olympiques servaient à calmer les ardeurs de combattants en mal de conflits.

Un dosage compliqué entre le vécu que peuvent avoir les populations du poids des contraintes et le vécu des sensations de liberté, d'émotion collective ou d'espoir participe à la constitution de la paix sociale.

Bien naturellement, Internet s'inscrit aussi dans cette logique. Les réponses qu'il apporte, les résolutions de conflits notamment en termes identitaires qu'il permet, l'expression d'une certaine violence qu'il autorise (même si nous avons vu qu'elle n'est pas parfois sans poser problème) évitent que tous ces objets de tension ne fassent irruption dans la vie réelle et dans le fonctionnement social. À ce titre Internet fait partie des amortisseurs sociaux.

Société, ennui et amortisseurs sociaux

Mais une autre de ses fonctions, et non des moindres, est de tromper l'ennui sous toutes ses formes. L'ennui est probablement le pire ennemi de la paix sociale.

Le 15 mars 1968, Pierre Viansson-Ponté signait dans le journal *Le Monde* un article hautement prémonitoire intitulé : « Quand la France s'ennuie ». Il y décrit pêle-mêle la vie publique de l'époque absolument inintéressante à son sens, la morosité ambiante, l'absence de participation des Français aux faits du monde. Il témoigne aussi de l'ennui de la jeunesse et de la futilité de ses combats par rapport à d'autres jeunesses européennes plus turbulentes. Il dénonce enfin le rôle anesthésiant d'une télévision étroitement tenue par le pouvoir politique de l'époque et dont les seules nouvelles véritablement importantes se résumaient aux embouteillages du dimanche soir sur les autoroutes. Mais la télévision ne parle ni des Français, ni du malaise des jeunes, ni des nécessaires évolutions sociales. À défaut de bonheur, c'est le calme qui règne. Et l'auteur termine son article par ces propos : « L'ardeur et l'imagination sont aussi nécessaires que le bien-être et l'expansion. Ce n'est certes pas facile. S'il (cet impératif) n'est pas satisfait, l'anesthésie risque de provoquer la consomption. Et, à la limite, cela s'est vu, un pays peut aussi périr d'ennui. »

Pour ne pas périr d'ennui, nous savons ce qu'il advint. Le régime de l'époque, faute de n'avoir su répondre à cet ennui, a dû faire face à ce que certains ont appelé des événements et d'autres une révolution.

L'ennui au niveau social accumule l'énergie, les rancœurs et les désespoirs qui ne peuvent se libérer que de façon violente s'il n'y a pas constitution d'amortisseurs sociaux efficaces.

Pour être efficaces, ces amortisseurs sociaux doivent être contemporains et renouvelés d'une part. C'est-à-dire qu'ils sont directement issus de la notion de progrès telle qu'elle est prônée dans notre civilisation : le progrès étant l'acquisition de nouveaux objets et de nouvelles techniques. Les inventions de la radio, puis de la télévision, puis du téléphone et enfin du téléphone portable, pour ne citer que quelques exemples, en sont les marqueurs.

Mais, d'autre part, pour que ces amortisseurs sociaux soient efficaces, il faut que le corps social s'en croie propriétaire.

Nous avons ainsi vu apparaître au cours des dernières décennies certains repères qui ont été érigés en valeurs et qui jouent ce rôle.

La première de toutes est l'obligation de réussite. Nous sommes à une époque et dans un fonctionnement social qui ont élevé au rang de valeurs incontournables les bienfaits de la concurrence et de la compétition. Compétition dont il faut sortir vainqueur puisqu'il ne peut y avoir d'avenir que pour les *winners*. Nous devons tous, chacun dans nos domaines, être des combattants, des guerriers, des gagnants, des héros. De façon prémonitoire et caricaturale, Andy Warhol avait décrit cette situation dès les années 1960 en disant que « tout individu pourra avoir son quart d'heure de gloire, à condition qu'il s'en donne les moyens ».

Ainsi, si l'on échoue, si l'on ne rencontre pas sa part de succès ou de gloire, c'est que l'on ne s'est pas donné les moyens d'y parvenir. Tout perdant ne peut s'en prendre qu'à lui-même. Cette personnalisation de l'échec évite ainsi au corps social d'avoir des comptes à rendre et renvoie le sujet en échec à la honte de sa propre incompétence. Dans ce contexte, nous pouvons comprendre pourquoi le dopage au quotidien [1] se développe, certains sujets pensant que des produits leur permettront d'atteindre plus facilement leurs objectifs.

Cette obligation de réussite a infiltré tous les domaines de l'activité humaine. S'il est nécessaire en premier lieu de réussir professionnellement, c'est-à-dire socialement, il est également nécessaire d'être performant partout ailleurs : dans ses loisirs, dans sa vie affective, dans sa sexualité, dans son mode de vie.

Le bonheur serait alors l'indicateur du niveau de réussite dans tous les domaines de sa vie. C'est une obligation de bonheur qui est faite à tout un chacun, véritable injonction tyrannique dont parle Pascal Bruckner. Parce que le bonheur est chose complexe, il est évident que cette quête est difficile, bien plus souvent porteuse de frustration que de satisfaction. C'est la raison pour laquelle nous assistons à une confusion qui laisse à penser qu'à défaut d'être heureux il suffirait de posséder les objets qui seraient censés nous apporter ce bonheur. Ainsi cette obligation de bonheur a été remplacée par la nécessité de posséder, nécessité qui peut apparaître comme l'outil du bonheur, voire son affirmation. Le bonheur se résume alors à une longue liste d'objets plus ou moins indispensables, encensés à longueur de spots publicitaires et qui prouvent à celui qui les possède qu'il est heureux. Cette fuite consumériste est un autre des amortisseurs sociaux qui allie à la fois néobesoins, « pseudo-désirs » et satisfaction de ceux-ci de façon simple : l'acte d'achat. Ainsi tout individu pris dans cette fuite constamment renouvelée par de nouveaux objets tout aussi indispensables à son bonheur s'abstiendra de toute autre sorte de revendication. Ainsi que l'écrivait donc Pierre Viansson-Ponté, il y a quarante ans, « à défaut de véritable bonheur, c'est le calme qui règne ».

Le deuxième élément de la constitution des amortisseurs sociaux dont nous parlons va être la construction, pour partie artificielle, de la notion de liberté ou tout au moins de l'illusion de liberté. Nous avons vu qu'Internet permet un accès apparemment sans limite à l'information, à toutes les informations. Le développement des blogs, des pages Web personnelles permet à quiconque de rendre publiques ses idées, ses préoccupations, ses réflexions. Internet serait le lieu de la libre expression, sans censure et sans entrave, avec le monde entier comme témoin. Il faut reconnaître qu'il remplit largement cette fonction, en tout cas dans les pays où l'expression est déjà libre. Pour les autres, nous savons qu'Internet est l'objet de surveillance, de brouillages et d'interdictions. Mais, lorsque cette expression est possible, encore faut-il être entendu. La prolifération des pages personnelles a tendance à noyer dans la masse l'information, à diluer le débat d'idées. On estime qu'en moyenne un blog ou une page personnelle est fréquenté par une vingtaine d'internautes, c'est-à-dire moins, au bout du compte qu'un fanzine tel qu'il en existait il y a quelques années dans certaines villes ou certains quartiers. L'expression est donc possible, mais que vaut une possibilité d'expression s'il n'y a pas d'auditoire ? Nous en revenons presque à la définition des deux types de régimes régissant les sociétés : le régime autoritaire dont le mot d'ordre serait : « Tais-toi » et le régime démocratique dont le mot d'ordre serait : « Cause toujours. »

Au-delà de cette réalité, il existe une confusion, concernant la liberté, du même type que celle concernant le bonheur. À savoir que la liberté se trouve réduite à la possibilité de posséder des objets qui seraient censés l'incarner : liberté de choisir son opérateur téléphonique pour prendre un exemple publicitaire, liberté de consommer, liberté de choix, etc. Nous savons bien que ces libertés sont toutes relatives, très encadrées et limitées ne serait-ce que par les offres qui nous sont faites ou tout simplement par notre pouvoir d'achat.

Enfin le troisième élément de la constitution des amortisseurs sociaux qui nous concernent est le développement de la notion de loisir, certains misant même sur la disparition du travail.

Parmi ces auteurs, il faut citer Jeremy Rifkin, expert américain en économie qui s'est fait connaître par un certain nombre de publications montrant les répercussions que peuvent entraîner le progrès scientifique et les nouvelles technologies sur l'économie, l'emploi, la société et l'environnement. Parmi ses nombreuses contributions, son ouvrage le plus célèbre reste *La Fin du travail*[2], paru en 1996.

Selon Rifkin, par le passé, l'évolution des techniques a toujours été créatrice d'emplois dans d'autres secteurs, parfois des secteurs innovants. Mais, depuis quelques années, nous assisterions à la « troisième révolution industrielle » où l'informatique et la biotique menaceraient le travail de l'homme, supplanté par des machines de plus en plus automatisées. « Pensez, écrit-il, que, dans la sidérurgie, une société comme US Steel, en 1980, employait encore cent vingt mille personnes et qu'aujourd'hui, elle n'en compte plus que vingt mille – qui produisent plus d'acier que les cent vingt mille de jadis ! » Dans le même ordre d'idée, « le géant de l'électronique allemand Siemens, en trois ans, a réduit ses charges de 20 à 30 % et supprimé pendant la même période plus de 16 000 emplois dans le monde ». Cette nouvelle organisation du travail (appelée *reengineering*) entraîne ainsi une diminution du nombre de postes de travail et le développement de plus en plus imposant de la virtualité par l'intermédiaire des robots et de l'informatique. Nous serions les prisonniers d'une spirale infernale de la modernité où l'homme se prendrait lui-même au piège de la logique implacable du progrès. Les répercussions sociales sont évidentes : diminution progressive des classes moyennes, augmentation du chômage et des inégalités avec des personnes « richissimes, isolées dans un océan de travailleurs et de chômeurs de plus en plus appauvris ». Cette situation est socialement instable et dangereuse.

Pour Rifkin, une autre répartition du temps de travail est alors une nécessité. Le temps libre, qu'il soit désiré ou non, deviendrait une nouvelle donne devant être gérée par les sociétés qui se retrouveront devant une alternative : soit gérer et considérer ce temps libre comme un temps de chômage (ce qui est la réponse privilégiée actuellement), soit organiser ce temps disponible comme un temps de loisir. Rifkin propose alors un certain nombre de solutions pour organiser cette situation nouvelle (revenu minimum, création d'un « tiers secteur », échange de savoir-faire, etc.) que nous ne développerons pas ici. Dans ce cadre, les loisirs auraient une fonction essentiellement occupationnelle : plus que de contenter celui qui s'y adonne, le but est de faire passer le temps, et à nouveau d'éviter que l'ennui ne surgisse.

Dans cette situation où nous voyons poindre le développement de la virtualité, la nécessité de lutter contre l'ennui et le recours aux loisirs, véritables obligations pour le maintien de la paix sociale, l'apport et le rôle d'Internet et des jeux vidéo vont s'en trouver renforcés.

Dans cette optique de la constitution des amortisseurs sociaux et de la préservation de la paix sociale, Internet a une double fonction. Au niveau individuel tout d'abord, il permet à certains de résoudre leurs problèmes personnels par la constitution d'identités de remplacement et de moyens permettant de lutter contre l'ennui. Au niveau collectif ensuite, il permet une gestion de masse en fournissant à l'ensemble du corps social un exutoire par la mise à disposition d'un lieu où tout (ou presque) est possible.

Comme pour les médicaments psychotropes ou la télévision dont nous parlions en début de chapitre, Internet devient un des ciments de la cohésion sociale. C'est une des raisons pour lesquelles la cyberdépendance est une dépendance socialement acceptée. En effet, le bénéfice que retire notre organisation sociale du développement de cet outil est actuellement largement supérieur au coût induit par la dépendance que développent certains de ses usagers.

CHAPITRE V

L'exploitation commerciale de la cyberdépendance

Cette exploitation commerciale est avant tout un commerce somme toute assez banal, destiné à l'ensemble de la population et bien sûr non spécifiquement ciblé sur les dépendants. Banal, tout simplement parce que ce champ représente des enjeux économiques considérables, ainsi que nous avons déjà été amenés à le dire, et qu'il n'est pas certain que ce soient les personnes dépendantes qui le fassent le mieux vivre.

Selon l'ARCEP, le marché français a passé le cap des 70 millions d'appareils de type smartphones, phablettes et autres ordinateurs portables, avec une croissance nette trimestrielle de 900 000 arrivants. L'Autorité indique également que le pays compte 23,3 millions d'abonnés haut et très haut débit. En 2013, on dénombre 250 000 abonnés de plus qu'au premier trimestre 2012. Une autre évolution, tout aussi spectaculaire, est celle du jeu vidéo, dont le chiffre d'affaires, selon les dernières projections du cabinet d'études Price Waterhouse Coopers, devrait passer de 52,5 milliards de dollars en 2009 à 86 milliards de dollars en 2014.

Un indicateur de taille est l'importance de la publicité en ligne. Dans les jeux vidéo, la publicité *ingame*, évaluée à 1,6 milliard de dollars en 2009, devrait passer à 2,8 milliards de dollars en 2014.

L'impact croissant des nouveaux outils numériques a suscité en avril 2013, l'organisation, par l'École de Paris du management, d'une rencontre sur le thème « Bien-être au travail : le numérique va-t-il changer la donne ? » (avec Christophe Deshayes, Frédérique Henrion et Jean-Baptiste Stuchlik). Ce séminaire se proposait d'aborder l'impact sociétal de la multitude d'applications de confort téléchargeables, mais aussi des répercussions dans le monde du travail et dans la vie privée.

« Le numérique est un élément essentiel de l'outil industriel et de capacité d'innovation, estimaient *Les Échos* dans leur rapport sur la France numérique de 2012 à 2020. L'économie numérique représente 3,7 % de l'emploi en France et contribue à hauteur de 5,2 % au PIB et à 7,9 % de la valeur ajoutée totale du secteur privé. Le numérique représente un tiers des investissements privés en recherche et développement.

Le numérique est le principal facteur de gain de compétitivité des économies développées. Les investissements dans celui-ci sont identifiés comme les plus productifs, parce qu'ils accroissent la compétitivité de l'ensemble des autres secteurs de l'économie.

En France, l'impact est majeur :

– 12 % des secteurs de l'économie ont été entièrement transformés par la révolution numérique ;

– 60 % des autres secteurs de l'économie et bientôt 100 % ont dégagé des gains de productivité substantiels grâce au numérique. Voitures, avions, télévisions, etc., ils sont plus innovants grâce à leur électronique embarquée ;

– le développement du numérique représente un quart de la croissance et bientôt un tiers ;

– sur l'ensemble de l'économie, la diffusion des TIC a créé 700 000 emplois nets en quinze ans. D'ici à 2015, 450 000 emplois supplémentaires seront créés. »

Mais, dans ce contexte d'un développement légitime d'une activité commerciale normale, la personne cyberdépendante sera plus particulièrement exposée et sensible à cet environnement. C'est pourquoi il nous paraît intéressant d'évoquer quelques aspects de cette exploitation.

La publicité

Un des indicateurs de la ferveur Internet et donc de son exploitation commerciale est représenté par les recettes publicitaires. La publicité, parce qu'elle est une vitrine de notre société, traduit bien les évolutions, les changements, les basculements et les circulations de flux financiers consacrés à faire connaître une marque ou un produit.

L'institut de recherche eMarketer évaluait le marché américain de la vente de publicité sur Internet à 8,4 milliards pour l'année 2004, soit une hausse de 15 % par rapport à l'année précédente, et légèrement plus que les 8,1 milliards de dollars enregistrés en 2000.

On distingue deux types de publicités. La première est la publicité classique par bandeau et qui est généralement indépendante du thème du portail ou de la page consultée. La deuxième est la publicité contextuelle concernant des produits directement en rapport avec le sujet de recherche de l'internaute et le thème de la page qu'il consulte.

Même si les offres de publicité contextuelle ont volé la vedette au marché traditionnel des bandeaux publicitaires en ligne, ces derniers représentent toujours à l'heure actuelle une grosse part des dépenses de marketing sur Internet.

Ainsi, bien que la publicité contextuelle ait plus que doublé pour atteindre les 2,3 milliards de dollars, les ventes de bannières et autres types d'annonces classiques ont totalisé 4,9 milliards de dollars.

La démocratisation de l'Internet haut débit et de meilleurs algorithmes de compression permettent aujourd'hui d'intégrer à la publicité de la vidéo et d'autres types de contenus volumineux, aidant au renouveau des annonces en ligne.

La possibilité annoncée de pouvoir délivrer des messages personnalisés est une valeur ajoutée non négligeable, surtout à l'heure où l'apparition de magnétoscopes numériques permet de « zapper » la publicité et que de plus en plus de fonctions permettent de ne pas accepter les fenêtres publicitaires qui viennent s'ajouter au navigateur Internet.

Les spécialistes soulignent que la publicité sur Internet permettra d'adapter l'offre au consommateur, source d'un véritable bouleversement du marketing.

Le paneling

Cette possibilité d'adaptation de la publicité au consommateur n'est d'ailleurs pas sans poser la question de la confidentialité sur Internet où les adresses de tout un chacun circulent au gré des opérateurs, des commerciaux ou des sites que nous consultons, même si ces consultations ne se traduisent pas pour autant par une transaction commerciale.

Ceci est possible par le développement d'une nouvelle activité également commerciale : le *paneling*, c'est-à-dire l'analyse des comportements et des profils d'acheteurs. Celle-ci se fait en croisant deux ou trois achats, voire des fréquences de fréquentation de sites, permettant de décrire en grandes lignes le type de consommateur que vous êtes. Les profils de consommateurs ainsi constitués seront vendus à d'autres webmarchands qui vous proposeront alors leurs produits.

Tous ces systèmes et toutes ces stratégies aboutissent à un problème majeur des relations commerciales sur Internet qui est celui du contrôle : il devient impossible de savoir auprès de combien de prestataires nous sommes inscrits. Nos boîtes aux lettres virtuelles, comme les boîtes classiques, sont inondées par des publicités, des sollicitations ou des propositions qui globalement ne nous intéressent pas.

Cette perte de contrôle se matérialise bien par exemple en ce qui concerne les joueurs pathologiques.

Les casinos

Alliant la possibilité de toucher le plus grand nombre de joueurs et le côté possiblement magique lié aux jeux d'argent, les opérateurs ont compris toutes les opportunités qu'ils pouvaient tirer d'Internet : c'est ainsi que nous avons vu se multiplier les casinos en ligne. Ces casinos présentent une triple particularité :

– tout d'abord d'être gérés par une législation spécifique, votée en mars 2010, sous l'autorité de l'ARJEL (Autorité de régulation des jeux en ligne) ;

– ensuite d'augmenter l'offre de jeu à la fois par le nombre de sites proposés, mais aussi par leur permanence, (ces sites fonctionnant 24 heures sur 24) ;

– enfin répondre à un engouement très actuel qu'est le développement de la pratique du poker par exemple. Les sollicitations sont fortes que ce soit par les retransmissions télévisées de certaines parties du World Poker Tour ou par les publicités très nombreuses adressées directement dans nos boîtes de courrier électronique. Dans le monde réel, la loi française permet en effet aux joueurs addicts de s'interdire d'accès dans les casinos, afin de se protéger. Quoi que l'on pense de cette possibilité d'auto-interdiction, celle-ci n'existe pas sur les casinos Internet.

Dans nos consultations nous voyons ainsi des personnes qui sont surendettées à cause du jeu, avec des procédures judiciaires de recouvrement très lourdes en cours. Certaines de ces personnes ont demandé à être interdites dans les casinos de France mais se retrouvent littéralement inondées par des *pop-up* et des mails leur accordant accès, voire des conditions de crédit, vers des cybercasinos situés hors de France.

Nous n'entrerons pas dans le débat sur les aspects économiques et juridiques du sujet, mais la démarche allant dans le sens de la légalisation votée en mars 2010 pourrait faciliter le travail de prévention et de soins aux personnes victimes d'addiction aux jeux d'argent, impliquant aussi de manière consciente les fournisseurs de jeux. Du côté des casinotiers de France on estime que la légalisation pourrait permettre le développement de stratégies de jeu en ligne dans un cadre sécurisé.

En Grande-Bretagne, le site de jeu PartyGaming, une société basée à Gibraltar évaluée entre 6 et 8 milliards d'euros, soit plus que British Airways, a fait son entrée en juin 2005 parmi les 100 valeurs de référence du marché londonien. Avec plus de 540 000 joueurs, PartyGaming a augmenté son activité de 52 % entre 2007 et 2008 [1].

Le commerce de biens virtuels

Les implications économiques et les retombées financières des jeux vidéo sont considérables également dans le domaine des biens virtuels.

Certains éditeurs cherchent à réguler ou récolter les éventuelles mannes financières en orchestrant eux-mêmes le trafic des biens virtuels issus de leurs jeux.

Ainsi, sur le marché officiel des MMORPG, évalué à 1,5 milliard d'euros, certains éditeurs tentent de s'approprier le marché. Sony a lancé son propre site de vente aux enchères pour sécuriser les transactions entre abonnés de son jeu EverQuest II.

À l'image de Second Life, « la vente licite de contenus tend à devenir un modèle économique de plus en plus populaire, notamment avec l'émergence du jeu en ligne sur consoles ».

Dans Second Life, les joueurs ont à leur disposition des outils de construction et de programmation nécessaires à la construction et à la modélisation du cyberespace selon leurs envies. Les créateurs du jeu ont cédé la propriété intellectuelle des objets construits aux joueurs. Les habitants peuvent échanger les linden dollars gagnés dans le jeu en monnaie réelle. Pour ceci, les auteurs du jeu ont conçu un partenariat avec le site de revente Game Open Market.

Entropia Universe (www.project-entropia.com) est un jeu en ligne massivement multijoueur créé par la compagnie suédoise MindArk. Ce monde virtuel possède une économie réelle, dans laquelle la monnaie virtuelle (PED : *project entropia dollar*) peut être convertie en vrais dollars.

Le participant choisit de vivre sur la planète Calypso. Il évolue sur ses deux continents, Eudoria et Amethera, peuplés de dangereuses créatures (ou mob) mais également riches en minerais et sources d'énergie, les deux pouvant potentiellement être exploités et devenir sources de revenus. L'univers d'Entropia est également pourvu de son propre système d'enchères accessible dans chaque ville ou l'on peut acheter armes, outils et ressources mis en vente par d'autres joueurs. Ainsi, un étudiant anglais a pu acheter un îlot en pixels pour 25 600 dollars (vente figurant dans le *Guinness des records* en 2004, comme l'objet virtuel le plus cher de l'histoire). Il a depuis fait fructifier son investissement en vendant cette île en parcelles [2].

La communauté de joueurs d'Entropia comptait 725 000 participants enregistrés provenant de plus de 220 pays en 2005 et plus de 800 000 en 2008.

Mais ce ne sont pas seulement les majors de la production des jeux qui profitent de ce marché. Ce sont aussi les joueurs eux-mêmes. Le commerce d'avatars, d'armes, de niveaux de jeu est devenu tellement lucratif que certains joueurs ont créé un véritable commerce *via* des sociétés basées sur le Web qui organisent la vente ou l'échange de ces objets.

D'abord balbutiants et naïfs, les joueurs deviennent au fil du temps organisés et acquièrent de véritables compétences marketing.

Les ventes générant des profits pour les pratiquants commencent avec l'arrivée des blockbusters de type : Ultima Online, Counterstrike, Everquest, Dark Age of Camelot, World of Warcraft. Sur le blog Terra Nova [3], le professeur Edward Castranova estime que le chiffre d'affaires généré en 2006 par la vente de ces objets avoisine le milliard de dollars [4].

Tout au début le site de vente et enchères fut eBay. Le ebaying permit à des milliers de joueurs de faire fructifier leur savoir-faire dans le domaine des jeux vidéo en vendant des personnages, des objets magiques, des armes ou des pièces d'or. Le marché se révéla si lucratif que certains en ont fait un véritable métier.

Cette évolution devint caricaturale avec la création de « farming centers », dans des « virtual sweatshops ». C'est-à-dire des entreprises qui embauchaient des salariés afin que ceux-ci créent des personnages et développent leurs pouvoirs au sein des jeux les plus prisés, comme World Of Warcraft. Une fois le travail accompli, les avatars ainsi développés étaient revendus sur les sites de vente aux particuliers existant sur Internet. Ces entreprises s'employaient à fournir des milliers d'objets, fruits de centaines d'heures de travail. Le chiffre d'affaires généré se situe entre 250 et 280 millions de dollars par an selon les experts. Ainsi l'Advanced Economic Research System, qui surveille les ventes sur eBay, a constaté une vente d'or dans World of Warcraft à hauteur de 2 millions de dollars pour les seuls mois de janvier à avril 2005. Même si, en théorie, la vente d'objets virtuels – le *real money trade*, est interdite par les éditeurs de jeux mêmes, ces « fermes » ont réussi à inonder le jeu avec ces personnages et objets.

Bien que ce genre de commerce apparaisse profitable aux activités d'un site comme eBay, principal relais de cet échange de marchandises virtuelles contre des sommes d'argent bien réelles, la plate-forme a décidé de mettre fin à ces pratiques.

Mais, fait significatif de l'impact économique des jeux vidéo, d'autres joueurs se sont déjà organisés sur des sites spécialisés comme gamersloot.net ou www.ige.com (qui revendiquait en 2005 un chiffre d'affaires de 880 millions de dollars), afin de perpétuer ces transactions.

De même le *powerleveling* se pratique dans les anciens pays de l'Est – la Roumanie – ou en Asie, où, pour des salaires modiques, des joueurs se chargent de faire progresser les personnages dans le jeu, en accumulant des points d'expérience, en passant des niveaux supérieurs. La motivation des clients qui déboursent des espèces sonnantes et trébuchantes en échange d'objets, de monnaie, de comptes ou de prestations virtuels est d'éviter les longues périodes d'apprentissage et de progresser vite dans le jeu, ce qui pourrait presque apparaître comme la négation même de la notion de jeu.

Les puristes de ces jeux s'inquiètent de ces dérives, car le niveau des joueurs apparaît biaisé, avec de véritables artefacts. On assiste, selon certains, à un phénomène d'étouffement des jeux.

Jeux et prestations associées

Une autre évolution commerciale bénéficiant de cette mode des jeux est celle de la fourniture de prestations et de services réels associés. Ainsi, sur Everquest, il existe une petite commande/pizza permettant aux joueurs de commander une pizza de leur choix chez Pizza Hut. Plus récemment, un partenariat entre Blizzard Entertainment, éditeur de World of Warcraft, et First National Bank permet désormais aux joueurs – pour le moment nord-américains – de disposer de cartes bancaires à l'effigie de ce jeu. Tout achat effectué avec cette carte de crédit offrira au joueur des minutes de jeu supplémentaires.

Les nouvelles cibles

Le développement actuel s'avère exemplaire pour le secteur des jeux vidéo qui attire un public de plus en plus varié incluant maintenant les femmes et les seniors, jusqu'ici réticents aux jeux.

On assiste ainsi à une explosion des jeux pour cette nouvelle cible, aux côtés des classiques jeux de tir, de football ou de courses de voiture, qui font toujours le délice des ados et des adultes jeunes.

En tête des ventes, on remarque le programme d'entraînement cérébral du docteur Kawashima qui permet d'évaluer l'âge de son cerveau et qui se propose de ralentir la perte cognitive caractéristique du vieillissement cérébral.

Les exercices de développement personnel en matière de langues étrangères, de gestion personnelle remportent un franc succès.

Autres thèmes à succès, les animaux avec une prédilection pour les chevaux (Horse Life, Alexandra Ledermann).

Une mini révolution est l'arrivée de la « Wii Fitness » qui permet un large éventail d'exercices physiques dans son salon – simulation de sauts à ski, aérobic…

Certains distributeurs organisent des manifestations destinées à faire découvrir les jeux vidéo aux plus de 50 ans, lancement d'une carte de fidélité dédiée aux femmes et de larges campagnes de publicité. Aujourd'hui, plus de quatre joueurs sur dix sont des femmes, selon une récente étude de TNS Sofres. Les seniors, quasi absents de cet univers il y a encore deux ans, représenteraient quant à eux 11 à 12 % des joueurs.

Conséquence de cet engouement, le marché des jeux vidéo a battu tous les records en 2007 : selon l'Idate (Institut de l'audiovisuel et des télécoms en Europe), il a dépassé les 30 milliards d'euros dans le monde, plus que l'industrie musicale. Rien qu'en France, ce marché a avoisiné les 2,7 milliards, soit un bond de 47 %.

Une autre forme particulière d'intégration dans une communauté est l'expérience menée par l'armée américaine pour attirer de nouvelles recrues. *Via* un jeu vidéo d'entraînement, America's Army, le joueur novice est placé dans la peau d'un GI qui démarre ses activités de simple recrue jusqu'aux missions de combat les plus périlleuses. Le jeu, gratuit, attire des foules, avec quelques millions de téléchargements en ligne déjà effectués. Le but de ce jeu sorti le 4 Juillet 2002 (le 4 Juillet étant l'anniversaire de la déclaration d'indépendance) était d'améliorer l'image de l'armée américaine et d'inciter les gens à s'enrôler.

Les sites de socialisation ou social network

Partout dans le monde, des centaines de millions d'internautes ont investi les sites de socialisation, comme MySpace ou Facebook, des espaces d'échanges ludiques.

Ainsi, sur le moteur de recherche Google, parmi les dix mots-clefs les plus recherchés on retrouve déjà sept occurrences concernant ces sites de socialisation : le britannique Badoo, l'américain Facebook et le canadien Webkinz, un site pour enfants où ils jouent avec des peluches virtuelles et contactent des « amis ».

L'attrait principal est la possibilité de construire une page personnelle, afin de se créer un réseau d'« amis » qui partagent les mêmes goûts et passions. Ainsi on compte plus de 110 millions d'inscrits sur MySpace et 55 millions sur Facebook, deux sites qui ont vu le nombre de leurs membres augmenter de respectivement 30 et 100 %.

Selon Comscore, les sites de socialisation ont reçu 500 millions de visiteurs, sachant qu'un internaute en utilise souvent plusieurs.

Le phénomène concerne également l'Asie : le site Mixi au Japon revendique 8 millions de membres, Xiaonei en Chine 6 millions, en Corée le site collaboratif Cyworld compte plus de 18 millions de membres.

La frénésie du social network porte ses fruits financiers : Microsoft a acheté récemment 1,6 % de Facebook pour 240 millions de dollars. À ce prix, Facebook, qui ne gagne pas encore d'argent, vaut 15 milliards, presque autant que General Motors !

L'usage de ces sites doit tout de même se faire avec prudence, les risques de détournement financier ou d'atteinte à la vie privée étant bien réels. Ainsi des utilisateurs français de Facebook ont appris à leurs dépens selon les dispositions valables jusqu'en septembre 2008, que la propriété des photos, vidéos ou témoignages leur échappait totalement à partir du moment où ils étaient publiés sur Facebook. Cette réglementation s'est un peu assouplie avec les nouvelles conditions d'utilisation définies en avril 2009, d'une clarté toute relative, où il était convenu que l'utilisateur s'engage à céder « expressément à la société une licence irrévocable, perpétuelle » sur ses contenus personnels : photographies, vidéos, textes, etc. En outre, ces nouvelles CGU conféraient à l'américain le droit de commercialiser cette production à des tiers « sans rétribution financière [5] ».

Les machinimas

Les machinimas, films d'animation tirés de jeux vidéo, se multiplient sur Internet, illustrant le potentiel créatif des amateurs de jeux vidéo et le rapprochement entre ce monde et celui du cinéma. Le nom machinima vient de machine et de cinéma. Il représente en fait un film fabriqué à partir d'un jeu vidéo, dont les joueurs deviennent acteurs et réalisateurs. Le principe consiste à capturer, à l'aide d'un logiciel spécialisé, les images et le son d'un jeu vidéo, et à les détourner pour leur donner une nouvelle vie dans une fiction, en y ajoutant des dialogues. Selon Xavier Lardy, fondateur en France du site spécialisé Machinima.fr, la première comédie a été réalisée en 1996, avec le jeu de tir Quake.

La série la plus populaire auprès des internautes, « Red *vs* Blue », est née de l'univers du jeu d'action Halo. Cette série, débutée en 2003, compte cent épisodes répartis sur cinq saisons. Le studio Roosterteeth, créateur de la série, rassemble sur son site 655 000 membres, qui sont appelés à subventionner ses films.

En ce moment, on trouve énormément de films tirés de jeux très populaires comme World of Warcraft ou Second life.

On doit aussi remarquer le film *French Democracy*, réalisé par le Français Alex Chan lors des émeutes qui ont secoué les banlieues françaises en 2005.

Le fait que la machinima permette également à des jeunes de devenir réalisateurs sans les difficultés du financement pour la production explique aussi leur véritable engouement pour ce phénomène.

Les éditeurs de jeux, qui ajoutent parfois dans leurs produits quelques fonctionnalités susceptibles de faire naître des vocations de « machinéastes », pourraient y trouver leur compte. Si les retombées économiques ne sont pas directes, pour le moment, on peut s'attendre à une véritable explosion de demandes et applications à visée purement commerciale dans les années à venir.

Ainsi du 27 octobre au 4 novembre 2009, s'est déroulé à Paris pour la première fois l'Atopic Festival, dont le titre était « Les mondes virtuels font leur cinéma » comprenant un festival machinima et la présentation de quatre-vingt-dix films. Est ainsi définie une « *mixed-reality* » à la croisée des chemins entre art, science et technologie.

Internet et les drogues

Nous avons vu à plusieurs reprises qu'il est peu de domaines qui échappent à Internet, et le monde de la drogue n'y fait donc pas exception. Le problème que pose toute réglementation des drogues renvoie à la générale lenteur du législateur par opposition à l'adaptation quasi immédiate des fabricants ou des négociants de drogues. Internet leur permet de s'adapter encore plus vite et de proposer sur le marché des produits sur lesquels la législation de chaque pays n'a pas encore statué. Les laboratoires clandestins jouent également sur les différences de législation d'un pays à l'autre. Ces pratiques, somme toute anciennes, où la loi se trouve contournée, sont caractérisées par une tendance plus récente où les variétés de substances proposées sont aussi nombreuses que diverses.

Ces adaptations concernent des « produits » tels que les champignons hallucinogènes qui poussent dans certains pays et peuvent être achetés sur Internet, où l'on trouve également des kits permettant de faire pousser ces champignons chez soi.

Mais la véritable évolution future est peut-être préfigurée par des produits, disponibles sur Internet depuis au moins 2006 et commercialisés sous le nom le « *spice* ». Ce sont généralement des parfums à brûler destinés à parfumer la maison, qui lorsqu'ils sont fumés entraînent des effets comparables au cannabis. Ils sont disponibles dans des magasins en ligne. D'autres formes de produits, tels que les cannabinoïdes synthétiques, sont également de plus en plus faciles d'accès.

Ce type de phénomènes émergeants donne une préfiguration de ce qui nous attend en matière de drogue, avec une mise sur le marché de produits de synthèse et d'analogues, nombreux, proposés à un vaste public. Comme le relève l'OEDT (Observatoire européen des drogues et des toxicomanies) dans son rapport annuel 2009, cette mise sur le marché grâce à Internet sera massive et en adaptation hyperréactive vis-à-vis des lois ou de leurs failles. Elle permettra « de proposer à la vente des alternatives aux drogues contrôlées et ce, à un vaste public. La vente en ligne a des implications en termes de propagation potentielle des nouvelles substances psychoactives [6] ». Cette propagation fait l'objet d'une surveillance par l'observatoire qui a ainsi suivi 115 boutiques en ligne en 2009. Celles-ci étaient basées pour la plupart au Royaume-Uni (37 %), en Allemagne (15 %) ou aux Pays-Bas (14 %). Elles proposaient, en 2009, un certain nombre d'articles parmi lesquels le sclèrotium (mycélium compact des psilocybes, champignons hallucinogènes). Des produits de type *spice* trouvés dans pratiquement 50 % des boutiques en ligne, ont été retirés en mars 2009 des boutiques basées en Allemagne et en Autriche. Dans ces deux pays sont apparus, aussitôt des alternatives et substituts au « *spice* » mais également des « *party pills* » alternatives actuellement légales à la BZP (produit interdit en mai 2008) traduisant la rapidité de réaction que nous évoquions précédemment.

La conception addictive des sites et des jeux

La conception des sites Internet et plus particulièrement des jeux vidéo fait appel à la lucidité et l'interactivité, avec des contenus variés, adaptés à des cibles de marketing. Tel site ou jeu *on line* est conçu de manière à plaire, à créer un véritable besoin chez les *afficionados*.

La fabrication des ordinateurs et leur évolution en termes de performances font appel à des applications plus gourmandes et plus performantes. Mais la spirale est continue, car les jeux et les applications qui apparaissent sont de plus en plus demandeurs de performances. Naît ainsi un impératif de nouveauté, d'attractivité, de rajout de patchs et d'évolutions qui renforceront le potentiel addictif.

Sur les sites de jeux MMMORPG, les jeux *on line* massivement multijoueurs, des milliers d'internautes peuvent se retrouver, jouer, combattre, parler en simultané, se lancer des défis dans les guildes spécifiques. Déjà la conception de ce type de jeux tient compte des règles sévères du marketing, mais on voit de plus en plus de patchs et des scènes à contenu très addictif peupler le contenu de ces jeux.

Ainsi, l'introduction de l'argent – réel et non plus virtuel – dans les jeux et sur certains sites peut avoir comme conséquence une augmentation du potentiel addictif. L'achat de vies, d'armes, de niveaux ou le phénomène de licitation dans les sites ludiques ou d'enchères favorisent l'introduction du facteur gain, réel dans le contenu de ces sites. L'argent et le rapport addictif au gain deviennent ainsi des attraits supplémentaires de certains jeux ou sites Internet. Dans cet ordre d'idée consumériste, les bandeaux publicitaires stimulant toujours plus la consommation pullulent.

Le phénomène des jeux TV représente une manne financière, provenant de la publicité et des sponsors, des appels ou SMS surtaxés, de la fréquentation des sites Internet. Au vu de ce succès, les grandes chaînes TV envisagent de décliner sur Internet leurs jeux, mais aussi l'adaptation pour les téléphones portables et les Smartphones de la plupart de ces jeux. Le détail qui fâche, c'est la perte de vitesse et la disparition annoncée des jeux éducatifs, qui rapportent des gains symboliques aux participants. La plupart des jeux poussés en avant par les chaînes reposent sur l'appât du gain et l'exhibition des joueurs.

Le rapport à l'argent dans le jeu (citons seulement le cas des casinos *on line*, ou les sites d'achat ou de surenchère) est de nature à renforcer le mésusage et l'addiction par un possible phénomène de récompense, mettant en jeu des facteurs comportementaux (l'entraînement et la répétition), des facteurs neurobiologiques (dopamine, sérotonine) et bien évidemment psychologiques (augmentation du plaisir, lutte contre l'ennui, sentiment de valorisation et augmentation de l'estime de soi).

Dans certains jeux, les patchs qui permettent d'acquérir de nouvelles armes, de nouveaux pouvoirs ou des objets supplémentaires participent de cette frénésie d'utilisation et de consommation.

La possibilité d'interaction, le foisonnement, les multiples contacts et défis avec les autres partenaires offrent également une dimension addictive importante. Comme dans les séries télé à succès, la découverte de l'inconnu, le questionnement sur l'évolution de l'intrigue rendent aux jeux cette nouvelle dimension. La possibilité de voir dans le jeu et dans ses évolutions ses propres fantasmes crée des situations idéalisées, ajoutant une dimension narcissique, très valorisante, que beaucoup de joueurs recherchent frénétiquement.

Nous soulignons à nouveau ces dimensions fantastiques d'interdépendance, de communautarisme, cet impact social et sociétal que les jeux portent dans leur contenu. Ces dimensions, ajoutées au potentiel addictif du ludique renforcent la dépendance aux jeux.

CHAPITRE VI

Ce qu'Internet change à notre vie quotidienne

La culture d'écran : en à peine cinquante ans, la planète s'est couverte d'écrans, interfaces indispensables et omniprésents

Dans l'histoire de l'humanité il n'y a pas d'exemple de diffusion aussi rapide et massive d'un instrument que celle d'Internet

L'évolution du nombre de connexions à Internet est explosive : en 1997, 1 % seulement des foyers avaient accès au Web, alors que plus de la moitié des Français l'utilisent aujourd'hui quotidiennement en dehors de leurs obligations professionnelles.

Cette généralisation a bouleversé l'ensemble des pratiques culturelles des Français et provoqué

« la montée en puissance de la culture d'écran » au détriment d'autres supports, comme la télévision qui se trouve délaissée, surtout par les jeunes.

C'est la conclusion d'un rapport réalisé par le ministère de la Culture, sur « Les pratiques culturelles des Français à l'ère numérique » (1997-2008). Cette enquête souligne que, dans les années 1990, la pratique de l'écran était dans 90 % des cas limitée à la télé. De nos jours, les jeunes et les plus diplômés se sont tournés vers Internet, au détriment des programmes de télévision décrits comme fades et débilitants.

Le rapport au numérique connaît plusieurs variables. Ainsi, les hommes consacrent en moyenne deux heures de moins que les femmes chaque semaine à la télévision, mais « quatre heures de plus devant les nouveaux écrans, surtout quand ils sont jeunes », en raison de la place importante des jeux vidéo.

Cette fréquentation d'Internet concerne également les pratiques culturelles comme la photographie, la vidéo, mais aussi la musique, l'écriture ou les arts graphiques exercés à titre de loisir.

Concernant les jeux vidéo, une étude réalisée par TNS NIPO et Gamesindustry.com révèle que 25,4 millions de personnes en France jouent aux jeux vidéo, soit 63 % des Français ayant une connexion Internet. L'étude constate qu'avec une moyenne de cinq heures et demie de temps hebdomadaire passées devant les différents supports – ordinateurs, consoles de jeu, téléphones portables –, le jeu vidéo est devenu un loisir de masse [1]. Le même sondage a été effectué dans d'autres pays (Allemagne, Angleterre, États-Unis), permettant de relever des différences d'usage entre les pays. Ainsi, les 63 % de la population en ligne française qui joue sont bien inférieurs aux 73 % de Britanniques, aux 70 % de Néerlandais, et surtout, aux 83 % de la population américaine.

Les groupes d'âges représentent la totalité de la population. Pourtant et sans surprise, ce sont les plus jeunes qui jouent le plus. Dans le groupe d'âge entre 8 et 12 ans, 95 % des garçons jouent aux jeux vidéo, et passent plus de six heures et demie par semaine devant leur écran. Entre 13 et 19 ans, le temps de jeu augmente, pour dépasser facilement les neuf heures par semaine, chez les garçons et entre en concurrence directe avec la télévision.

Parmi les genres de jeux en ligne – pour un marché total français estimé à plus de 4 milliards de dollars en 2009 – les jeux massivement multi-joueurs (MMO) se distinguent par leur population jeune et par une surreprésentation des garçons (34 % de garçons de 13-19 ans). La nouveauté est la quasi-égalité en termes de temps de jeu entre les hommes et les femmes pour les tranches de *mid-life*. La surprise vient du constat que, 44 % des femmes de plus de 50 ans jouent en moyenne 4,5 heures, contre 3,9 heures pour les hommes du même âge.

Internet et vie privée : la protection des données personnelles

La protection des données personnelles et de la vie privée sur Internet se retrouve très souvent sous les feux de la rampe médiatique. Il s'agit d'une inquiétude légitime face à un flou juridique total concernant la protection des données personnelles, mais aussi face à la crédulité et la naïveté des usagers, jeunes ou adultes.

Dans leur grande majorité, les usagers se montrent de plus en plus sensibles à la protection de leur vie privée sur Internet. Les nombreux cas de fraude, d'abus, d'utilisation malveillante des données privées ont abouti au sentiment de ne pas maîtriser les outils de contrôle. Parmi les usagers qui font le moins attention, surtout sur les réseaux sociaux, on trouve les jeunes, qui, de manière insouciante, communiquent des détails parfois très personnels et intimes sans être attentifs aux utilisations délictueuses ou même commerciales qui peuvent en être faites.

Dans cet objectif le droit à l'oubli numérique fait l'objet de nombreux débats – sociétaux, mais aussi politiques – afin de protéger les usagers qui laissent des traces à long terme de leurs activités.

Comment, dans ces conditions, se refaire une virginité numérique ? Il existe déjà des entreprises spécialisées dans la gestion de la *e-reputation*, mais le coût et l'efficacité de ces nettoyeurs sont parfois très décevants. La meilleure manière réside toujours dans la prévention à travers l'éducation des plus jeunes.

Le test d'Orman : répondre au test, est-ce déjà être addict ?

Cette culture de l'écran avec ses implications économiques et sociales pose à un moment ou à un autre la nécessité de mesurer ce qui serait de l'ordre du comportement « normal » et ce qui serait de l'ordre du comportement pathologique. Certains magazines proposent de façon redondante le moyen de faire cette évaluation par soi-même.

Ainsi, à l'origine parfois de possibles abus du concept d'addiction Internet, certains tests destinés à autodiagnostiquer son éventuelle addiction sont proposés.

Par exemple le test d'Orman [2], d'une simplicité à toute épreuve.

Inspiré de la définition des addictions par Goodman, celui-ci a été considérablement réduit. De fait la formulation de certains items ressemble plus à des pièges qu'à la réelle évaluation d'un risque. Dans les premières versions cela était caricatural dans la mesure où le test donnait ce commentaire pour ceux qui avaient entre 0 et 3 réponses positives : « De 0 à 3 réponses positives, il y a une petite tendance à devenir addict à Internet. »

Ainsi le simple fait de remplir ce questionnaire pour évaluer si l'on était addict débouchait obligatoirement sur le fait qu'on l'était même si l'on avait zéro réponse positive.

Par la suite cette première catégorie a été modifiée pour couvrir de 1 à 3 réponses positives. Dans le même ordre d'abus, le simple fait de répondre par la positive à une seule question situe le cybernaute dans la catégorie de personnes à risque. Le contenu des questions est tellement subjectif que toute personne surfant sur le Web peut se retrouver face à « *une petite tendance à devenir addict à Internet* ».

Évidemment, ce type de tests ne prend en compte ni les facteurs fragilisants, ni les facteurs de la personnalité, ni les situations de la vie courante des utilisateurs d'Internet et encore moins les facteurs d'environnement.

Le rapport à la réalité : où la réalité n'est qu'une illusion, et l'illusion plus que réelle

Ces éléments de réalité et le rapport que l'on peut avoir avec eux sont pourtant au centre de la problématique à laquelle chaque utilisateur d'Internet se trouve confronté. Cette problématique est cependant ancienne et pose l'énigme de

Test d'Orman

1. Est-ce que vous passez plus de temps connecté sur l'Internet, que vous n'auriez pensé initialement ?

OUI NON

2. Est-ce que ça vous dérange de limiter le temps passé sur l'Internet ?

OUI NON

3. Est-ce que des amis ou des membres de votre famille se sont plaints du temps que vous passez sur l'Internet ?

OUI NON

4. Est-ce que vous trouvez difficile de rester sans être connecté pendant quelques jours ?

OUI NON

5. Est-ce que le rendement de votre travail professionnel ou vos relations personnelles ont souffert à cause du temps que vous passez sur l'Internet ?

OUI NON

6. Est-ce qu'il y a des zones de l'Internet, des sites particuliers, que vous trouvez difficiles à éviter ?

OUI NON

7. Est-ce que vous avez du mal à contrôler l'impulsion d'acheter des produits ou des services étant en relation avec l'Internet ?

OUI NON

8. Avez-vous essayé, sans succès, d'écourter l'usage de l'Internet ?

OUI NON

9. Est-ce que vous déviez beaucoup de vos champs d'action et de satisfaction, à cause de l'Internet ?

OUI NON

– De **0 à 3 réponses positives**, il y a une petite tendance à devenir addictif Internet.

– Entre **4 et 6 réponses positives**, il y a une chance de développer cette conduite addictive.

– Enfin, entre **7 à 9 réponses positives**, il y a une forte tendance à devenir dépendant.

ce qu'est la réalité. Dans les années 1930, Penfield avait montré que la stimulation de certaines zones du cerveau pouvait faire venir, à la conscience des sujets qu'il opérait, des images et des sensations que ceux-ci considéraient comme véritables, comme réelles. C'est ce type d'opération qui a fait naître la fameuse énigme des « cerveaux en cuve » qu'évoque William Poundstone : « Vous pensez être assis là, en train de lire ce livre. En réalité rien ne prouve que vous n'êtes pas un cerveau baignant dans un récipient rempli de substances nutritives, quelque part dans un laboratoire. Des électrodes sont reliées à votre cerveau, auquel un savant fou envoie un flux d'impulsions électriques qui simulent très exactement l'action de lire ce livre [3]. » Au bout du compte, il n'y a véritablement aucun moyen de prouver que la réalité n'est pas une illusion. Ainsi la légende chinoise où Tchouang-tseu rêva qu'il était un papillon et à son réveil se demanda s'il avait été un homme qui rêvait d'être un papillon ou s'il était à ce moment un papillon qui rêvait qu'il était un homme.

Alors, certes, dans le cas d'Internet, le décalage est moins fulgurant. Cependant, il semble très réaliste de penser que les progrès techniques vont peut-être plus rapidement qu'on ne le pense combler ce décalage. Ainsi, les gants et les combinaisons interactifs tactiles semblent relever de moins en moins de la science-fiction.

Une nouvelle technique se développe participant à ce que l'on appelle la *technologie de jeu en immersion* : l'illusion de réalité est produite par exemple par des lunettes de réalité virtuelle qui immergent totalement le sujet dans un autre monde, dans une autre vie. Dans le même ordre d'idée prendre un objet virtuel en main, le sentir, le soupeser tandis qu'il n'apparaît qu'à l'écran cela existe déjà. Des gants équipés de capteurs capables de décoder les mouvements et d'imprimer des sensations en temps réel ont déjà été réalisés mais ils présentent le défaut de fournir une perception parasitée par le poids de l'appareillage de l'ordre de 1,3 kg. Dans le cadre de ses recherches Takayuki Iwamoto et ses collaborateurs de l'université de Tokyo semblent sur le point de résoudre cette difficulté en équipant ces *gants tactiles* d'un générateur d'*ultrasons*. Les ondes vont parcourir les mains et exciter les corpuscules de Meissner c'est-à-dire les récepteurs sensibles à la pression situés dans les doigts. Ces stimulations seront synchrones des actions effectuées dans le monde virtuel et permettront de *ressentir toutes les actions virtuelles* comme si elles étaient effectivement réalisées. La sensation est exceptionnelle puisque l'appareillage est très léger.

La technique sera donc au rendez-vous à la fois des demandes des joueurs mais aussi de tous ceux qui souhaitent ressentir autre chose, vivre autre chose, vivre ailleurs que dans la réalité qui leur est proposée. Ce repli, cet investissement complet et exclusif de certains domaines se retrouvent par exemple chez les *otaku* ou les *nerd*.

En France, *otaku* se dit d'une personne qui aime lire des mangas japonais, de préférence en version originale, qui regarde des dessins animés japonais, de préférence en version originale sous-titrée, et qui collectionne tout un tas d'objets importés du Japon. Pour les Japonais, les *otaku* sont les personnes qui montrent des capacités au-delà de la moyenne dans des domaines très différents dans lesquels elles s'investissent complètement.

L'essayiste Nakamori Akio emploie le terme *otaku* (*nerd* aux États-Unis) pour désigner un phénomène nouveau qui touche la jeunesse. Il parle de ces adolescents et adultes jeunes qui restent cloîtrés chez eux en permanence à regarder des dessins animés ou à lire des mangas, et dont la passion est de collectionner les choses qui ne sont « plus de leur âge » (poupées, figurines, robots en plastique, images de personnages de dessins animés).

Les *moratorium ningen* (jeunesse moratoire), terme créé dans les années 1970 par le psychiatre nippon Keigi Okonogi, désignent les jeunes étudiants qui refusent de quitter le confort familial, prolongeant artificiellement l'entrée dans la vie active, représentant ainsi un refus de l'âge adulte et de l'implication dans la vie sociétale.

Les *otaku* ne trouvent pas leur place à l'intérieur du système social japonais, sont souvent en marge, voire exclus. Certains sont victimes de brimades (*iijime*) à cause de leurs comportements, et se retrouvent ainsi renforcés dans leur repli.

Les passages à l'acte suicidaire sont nombreux, le fort taux de suicide dans la population jeune du Japon trouvant ainsi une explication. Afin d'échapper à ces brimades, afin de ne pas tomber dans le piège du suicide, certains *otaku* se réfugient dans les jeux vidéo ou les mangas.

La place du virtuel dans la construction de ce nouveau phénomène est énorme, car les *otaku* expriment un mal-être généralisé de la jeunesse, soumise à un stress énorme, tiraillée entre des aspirations, des idéaux et la réalité d'une société de performance.

Il est intéressant de rappeler qu'il y a très peu de toxicomanes au Japon, l'échappée des *otaku* dans leur bulle imaginaire leur tient lieu de drogues. Les personnages virtuels qu'ils côtoient dans les mangas, les jeux vidéo, dans les jeux TV et la téléréalité, sont des boucliers contre le monde des adultes.

Le virtuel leur donne la possibilité de trouver un moyen d'expression de sensations difficilement exprimables, incommunicables autrement, et de ne pas prendre le risque des rapports à l'autre (éviter la souffrance, l'empathie, la confrontation, le jugement). La réalité virtuelle permet d'expérimenter à l'aide des ordinateurs des sensations qu'on ne peut pas obliger un être humain à sentir, ou de faire dire à l'ordinateur les choses qu'on voudrait entendre. Ce nouvel *Homo virtuens*, pour reprendre le terme de Stéphane Barral, dans l'excellent ouvrage consacré aux *otaku* [4], fait l'amour avec son ordinateur et communique grâce à des câbles d'interface informatiques chargeant et déchargeant directement les informations de cerveau à cerveau, image qui n'est pas loin de nous rappeler celle de Johnny Mnemonic dans le film éponyme, dont le scénario fut écrit par le maître du cyberespace, William Gibson. *Homo virtuens* se met dans la peau des héros pour expérimenter de manière virtuelle les sensations, il vit par procuration, par délégation des sensations de vie, de mort, sexuelles, reste enfermé dans un monde virtuel, protecteur, sans contrainte.

Les retombées du *star-system* sont énormes (voir les Star Ac, Pop Star et leurs suites). La création des idoles fait partie intégrante du phénomène *idol system*, qui au Japon a pris des proportions inimaginables. Le phénomène a bénéficié de véritables campagnes de médiatisation télévisuelles, avec l'arrivée sur le marché de filles censées représenter les meilleures copines, pour les filles, ou l'idéal du premier amour, pour les garçons.

Le phénomène des suicides nous l'avons souligné, est largement répandu au Japon. En 1986, sur 770 cas de suicide de jeunes, 114 cas ont eu comme cause directe un chagrin d'amour vis-à-vis d'une idole. L'idole était copiée dans tous ses faits et gestes (coiffure, maquillage, vêtements), et on peut voir dans ces 114 suicides des cas d'identification à l'idole poussés à l'extrême.

Ce phénomène d'identification et les importantes retombées économiques qu'il engendre stimulent la découverte et le lancement d'idoles de plus en plus jeunes, dans le champ de la chanson ou des publicités. On a vu l'apparition des véritables stars de la musique, les *childols* (néologisme dérivé du *child* et *idol*) âgées d'à peine 10 ans, stars qui arrivées à l'âge de l'adolescence sont déjà fatiguées, périmées, victimes du système.

La traduction de ce phénomène dans le monde de la virtualité est *Idoru*, un roman de William Gibson, concernant une de ces idoles, présentatrice à la télévision japonaise. On connaissait parfaitement ses goûts culinaires, ses choix vestimentaires, l'histoire de sa famille. La tragédie, débuta le jour de son mariage, qui entraîna le suicide de quelques fans complètement accros à leur idole. Mais la véritable particularité d'*Idoru*, était d'être une présentatrice virtuelle faite en images de synthèse. Ces jeunes s'étaient suicidés à cause du mariage d'un personnage virtuel. Même si les chagrins d'amour inconsolables existent depuis la nuit des temps, ici la virtualité des choses avait totalement pris le pas sur la réalité.

On constate là une tendance très présente dans le *show system*. Les émissions de télé-réalité, les termes comme télé-crochet, inondent nos médias. Le lien à double sens entre ces phénomènes de société et les médias (les uns inspirant les autres et *vice versa*) apparaît sans cesse dans nos petites émissions de télé mais aussi dans les phénomènes de jeunesse. On est confronté quotidiennement à la création des idoles, des *people*, héros d'une saison d'émissions, avec une véritable composante Pygmalion, composante qui est en soi très accrocheuse.

La quête d'identité permet de se choisir un nom, une vie, une appartenance, et de dire enfin qui nous sommes

La question de l'identité se pose ou s'est posée à chacun d'entre nous. La réponse à la question « qui suis-je ? », n'est certes pas facile et sûrement pas unidimensionnelle. Les réponses sont multiples et dépendent de l'angle sous lequel la question est abordée. Il y a tout d'abord les réponses apportées par la personne elle-même et par son entourage. C'est la dimension de l'état civil : nom, prénom, fils ou fille de… Cette donnée semble objective, c'est en tous les cas celle qui est réclamée (la déclaration de naissance est obligatoire) et acceptée d'emblée par l'ensemble du corps social. Ainsi une identité est conférée au petit d'homme alors qu'il sait à peine qu'il existe…

La naissance d'un internaute sur Internet s'accompagne également du choix d'un nom, le pseudo, et d'un mot de passe, clef de son identité virtuelle. Ce pseudo lui est réclamé par le réseau comme la société demande à un bébé d'être nommé. La seule différence est que l'internaute choisit son pseudo alors que l'homme, à l'exception de quelques artistes, ne choisit pas son nom.

Mais la recherche d'identité va se compléter par d'autres dimensions qui peuvent être culturelle, historique, religieuse, politique, d'appartenance nationale ou ethnique, etc. Ces dimensions sont autant d'interactions, d'intersubjectivités et de valeurs communes partagées qui participent de la constitution d'une identité, c'est-à-dire d'une conscience de soi et en assurent la stabilité et la permanence.

Tous ces éléments se traduisent par la création de sites, de blogs, de réseaux de convivialité qui vont mutuellement se renforcer. Si bien qu'Internet s'avère être, en réalité, plus un lieu de reconnaissance qu'un lieu d'échange : je te reconnais comme faisant partie de mon groupe, de ma tribu, de ma mouvance, je veux devenir ton ami…

La constitution d'une identité comme élément de stabilité et de permanence peut apparaître contradictoire dans le cadre d'Internet, système caractérisé par la fluidité et l'éphémère. Mais ce serait oublier que les repères, mêmes flous, même changeants, restent des repères. Il convient alors de savoir si Internet ne serait qu'un espace de plus où s'exprimeraient des revendications identitaires ou s'il serait à l'origine d'une nouvelle conception de l'identité peut-être plus éclatée, peut-être plus multiple, probablement alternative au monde de la réalité.

Ainsi ce jeune patient vu en consultation à qui je demandai comment il s'appelait :

« Kirzo [5], répondit-il.

– Non, quel est votre nom ?

– Kirzo de la guilde des Zorcons.

– Non, dans la vraie vie, insistais-je.

– Ah, vous voulez dire, pour mes parents. »

Puis vint par la suite la liste assez longue de ses autres appartenances, chacune révélant une facette de sa personnalité.

À l'inverse, certains internautes vont se doter de moyens (blog, page web, page Facebook, site personnel) pour donner à un vaste public, indénombrable par nature, plus de renseignements sur soi, ses origines, ses centres d'intérêt, ses antécédents, ses préoccupations, ses angoisses, etc.

Cela peut, par le récit d'expériences ou de préoccupations communes, être à l'origine par exemple de réseaux de solidarité, d'initiative ou de protestation. Il devient ainsi un nouvel outil technologique indispensable à la fois au développement des affinités mais aussi à la prise de conscience de notre existence au sein de notre milieu.

Dans le cas d'une utilisation raisonnée d'Internet, celui-ci permet de diffuser des composantes identitaires constructrices de l'individu et d'en apporter la confirmation. Dans le cas d'utilisation pathologique il ne s'agit plus de confirmation mais de refuge. Par son identité d'emprunt, son identité exclusivement virtuelle, le sujet se met à l'abri d'un extérieur ressenti ou imaginé comme dangereux, frustrant, sans intérêt ou cauchemardesque. Les valeurs trouvées sur Internet deviennent les clefs mêmes de sa définition, c'est-à-dire de l'identité qu'il se construit et accepte de porter. C'est sa réponse. Mais la question de départ, dont nous parlions, plus haut n'est plus « qui suis-je ? », mais « qui ai-je envie d'être ? ».

« Je suis Kirzo, nous répond notre patient, chef de guerre, aimé de ses soldats et craint de ses ennemis. »

Nous voyons bien chez nos patients que ces identités fraîchement acquises permettent de compenser les frustrations d'une vie réelle. On assiste au développement des liens sociaux que le sujet est incapable de construire dans la vie réelle. Ceci est possible parce que tous les changements sont envisageables sur Internet : changer de sexe, de race, de nationalité, de psychologie, d'appartenance politique, religieuse, de lieu de vie, de métier, etc. Ainsi l'individu virtuel devient une idéalisation de ce que l'internaute souhaiterait être dans le réel mais parfois aussi, et sans que cela soit contradictoire, un défoulement ou un exutoire. Internet s'y prête d'autant plus qu'il est un lieu public où la loi n'existe pas ou peu. C'est le lieu de l'impunité élevée quasiment au rang de principe de fonctionnement. Or nous savons bien que les notions de bien, de mal, de loi, de transgression sont également centrales dans la constitution d'une identité et que celles-ci sont principalement apportées par les parents. Qu'advient-il lorsque ces notions sont rencontrées au hasard des connexions et que les parents sont remplacés par une machine : l'ordinateur ?

La course à la vitesse : la loi de Moore : l'escalade du matériel, soigneusement entretenue par les fabricants, permet de cultiver le besoin de consommer. À peine acheté, votre ordinateur est déjà dépassé

Le développement d'Internet dépend également du développement des technologies dont une des évolutions est marquée par la miniaturisation. Il faut se rappeler que la capacité informatique embarquée à bord des capsules Appolo de l'exploration lunaire dans les années 1970 était de l'ordre de celle contenue dans un téléphone portable actuel. Le cofondateur de la société Intel, Gordon Moore, avait affirmé dans les années 1970 que le nombre de transistors par circuit de même taille allait doubler tous les dix-huit mois. Il déclara que la poursuite de la miniaturisation se heurterait vers 2017 au problème de la taille des atomes et que les effets quantiques empêcheraient la poursuite de la croissance des performances des puces. Cette loi de Moore, certes empirique, a depuis été validée par l'apparition de machines de plus en plus puissantes et rapides. Mais cette évolution n'est pas forcément perçue par l'utilisateur parce que nous sommes au milieu d'un paradoxe : des machines de plus en plus puissantes gèrent des logiciels de plus en plus lourds. La demande de bande rapide favorise le développement d'applications de plus en plus gourmandes, ces applications à leur tour nécessitent des vitesses de plus en plus rapides. L'accélération de la vitesse du traitement des données n'est pas perceptible pour l'utilisateur de logiciels de base comme les tableurs, les traitements de texte ou les bases de données. Par contre le domaine dans lequel cette puissance nouvelle est facilement perceptible est le Web. En termes d'applications, de créations de sites, Internet offre de plus en plus d'attraits visuels et de richesse de contenu, avec des supports de connexions et d'échanges ultra-rapides. Ainsi tout moteur de recherche nous donne une réponse adaptée en traitant des milliards d'informations en l'espace d'une fraction de seconde. Les jeux sur Internet sont également très gourmands en mémoires physique et vidéo gérées par des composants hyperperformants. Ils tirent plein profit de cette vélocité accrue et de la capacité augmentée de calcul des ordinateurs modernes.

Internet et pédagogie : Internet est la plus grande bibliothèque imaginable, encore faut-il apprendre à s'en servir et savoir valider les informations que l'on y trouve

À l'heure actuelle, les applications d'Internet se retrouvent dans tous les domaines. Partant des plus simples applications aux plus sophistiquées, Internet apporte un confort d'utilisation, une pertinence des connaissances alliés à la rapidité et la richesse énorme des bases de données – plus ou moins vérifiées scientifiquement.

Dans le domaine scolaire, des sites entiers proposent des ressources et documents pédagogiques, actualités scolaires, projets coopératifs, des sites et journaux d'école. On retrouve également un riche matériel didactique, de véritables centres de documentation multimédia, un partage des projets éducatifs utilisant les nouvelles technologies et expériences pédagogiques. L'épidémie de grippe A en octobre 2009 et l'arrivée de la neige en janvier 2010 ont causé la fermeture et l'inaccessibilité aux établissements scolaires avec l'apparition des projets d'enseignement *via* le Web, le partage des cours et de l'enseignement *via* Skype.

À l'intention des enseignants nous citons l'excellent document « Internet et éducation [6] », réalisé par une équipe canadienne. Le guide répertorie des sites spécialisés dans les NTIC, avec des références concernant l'enseignement général mais aussi par spécialité et discipline.

Les enseignants nous font aussi remarquer le défi et le challenge très enrichissants que représente l'existence des sites et des encyclopédies en ligne. La plupart des élèves du cours secondaire et les lycéens utilisent ces ressources pour réaliser des exposés et des travaux pratiques, avec une richesse de connaissances à partager, avec le développement des habilités profondes dans la recherche documentaire. La dimension ludique du Web contribue beaucoup à ce travail, les élèves découvrant ainsi les possibilités de ces sites.

On pourrait justement réfléchir, face au constat actuel d'une forte utilisation du Web par ces jeunes, à la création de sites de référence dans différents domaines scolaires et professionnels, profiter en quelque sorte de l'engouement et de la fascination que suscite le Web pour apporter aux jeunes du matériel de qualité et stimulant. Cependant il faut reconnaître que les NTIC n'ont pas encore bouleversé le paysage de l'enseignement. Il serait pourtant dommage de ne pas les prendre en compte et ainsi de ne pas anticiper les mutations à venir. Cette adaptation de l'enseignant ne se fera pas sans difficultés dans la mesure où Internet change le statut entre autres de l'élève pour en faire un individu plus réactif et plus concerné par la qualité du savoir.

À la demande du gouvernement, un rapport a été commandé sur l'apprentissage du numérique en milieu scolaire. Pour M. Fourgous, auteur de ce rapport publié en 2012, « les pays obtenant les meilleurs résultats dans les classements internationaux, comme la Finlande et la Corée du Sud, sont justement ceux qui ont investi le plus dans les technologies de l'information et de la communication pour l'éducation (TICE) ».

Un certain nombre de mesures nécessaires concernant par exemple la formation des enseignants ou l'apprentissage de l'usage du clavier en primaire sont proposées. Le développement du *e-learning* est facilité par la création de ressources et d'outils numériques spécifiques (manuels interactifs, jeux vidéo dits sérieux).

Ainsi que le montre l'expérience d'enseignants en histoire de la région Midi-Pyrénées [7]. Intégrer Internet dans l'enseignement est un avantage pour tout le monde : « Pour les élèves : rechercher et sélectionner l'information dans un site, chercher des documents sur un sujet donné, construire un document à partir d'un site, participer à la réalisation collective d'un document, échanger des documents, comparer et critiquer l'information issue de sources différentes... Pour les professeurs : se tenir informé de l'actualité, chercher des documents pour construire une séquence pédagogique, connaître et chercher des sites pédagogiques, dialoguer, échanger et partager avec des collègues, actualiser ses connaissances scientifiques... »

Les adultes trouvent aussi de véritables mines d'informations dans tous les domaines d'intérêt professionnel. De nombreux sites traitent de sujets très variés, allant de la simple formation professionnelle jusqu'au partage de données scientifiques de pointe. Dans certaines universités, l'enseignement à distance et la mise à disposition des bases de données se font dans un cadre très scientifique, certains modules de formation étant ainsi dispensés et validés *via* le Web.

Même les seniors trouvent aussi des sites d'information et de remise à niveau, des sites d'entraînement et de maintien de la mémoire et des autres fonctions cognitives (attention, vigilance, raisonnement) [8].

Utilisation thérapeutique d'Internet ou TAO (thérapie assistée par ordinateur) : en abolissant les distances, en partageant les savoirs, Internet peut devenir le SAMU mondial permettant d'agir à tout instant en tout lieu

Depuis quelques années, Internet s'impose comme un outil thérapeutique. On parle de plus en plus d'« e-thérapie », de thérapie assistée par ordinateur (TAO) dans plusieurs disciplines médicales. Les diagnostics à distance sont devenus, grâce à la télétransmission, un pilier de la médecine en situation d'urgence dans des zones reculées : les pionniers dans le domaine étant les Canadiens dans le Grand Nord. La transmission des données radiologiques, cliniques, des enregistrements électrocardiographiques facilite la prise en charge des patients éloignés des postes de soins, l'*e-care* étant assuré par des personnes de l'entourage ayant reçu le plus souvent une formation médicale basique.

On assiste aussi à des interventions de chirurgie à distance, opérations réalisées par des médecins non chirurgiens, assistés toujours à distance par des chirurgiens, *via* la transmission par Internet.

L'outil informatique se développe également dans le cadre de la psychothérapie.

Marks décrit les *computer-aided psychological treatments* (CP) qui englobent des moyens thérapeutiques à médiation informatique. Dans le système CP le thérapeute utilise le support informatique en interaction active avec le patient [9].

Ces thérapies assistés par ordinateur (TAO) facilitent l'identification et l'appréciation des problématiques, le versant éducationnel permettant du fait de l'interactivité un *feed-back* permanent entre le patient et le thérapeute, une analyse permanente des plans et objectifs d'action et l'analyse des comportements, des cognitions et des expériences d'exposition progressive à des facteurs fragilisant ou déclenchant des troubles.

Les outils informatiques sont variés – ordinateur personnel, PDA, Smartphone de dernière génération –, le principe étant celui de l'interaction à distance entre le patient et le thérapeute *via* la connexion Internet avec la possibilité d'action visuelle par une webcam mais aussi de réponses interactives à travers l'écriture ou la voix. Il faut souligner également que beaucoup de patients sont réticents pour des soins prolongés dans une consultation à l'hôpital ou en ville, jugée comme contraignante, lourde, voire stigmatisante. Parmi ces patients, beaucoup expriment leur préférence pour une téléconsultation, une TAO, plus confidentielle, pouvant être tout aussi personnalisée qu'une thérapie classique [10].

Les thérapies TAO permettent aussi d'effectuer des thérapies de groupe (le cas de deux patients présentant des phobies sociales que nous exposerons plus loin) dans des espaces de chat privés.

Bien sûr, la nécessité d'une construction solide du projet thérapeutique reste d'actualité en respectant des consignes précises – la consultation en face à face et la complémentarité avec les thérapies assistées par ordinateur (TAO), conditions qui permettront la réévaluation de l'évolution du patient.

Enfin des perspectives intéressantes s'ouvrent aux thérapeutes et aux patients grâce aux techniques de réalité virtuelle (RV) dans le traitement des troubles anxieux et phobiques, des troubles des comportements alimentaires avec ou sans troubles de l'image corporelle et dans les abus et mésusages des substances psychoactives.

TAO ET CYBERADDICTION

En premier lieu, elle concerne la prise en charge même des patients dont nous avons décrit la pathologie à travers ces lignes – les cyberaddicts eux-mêmes. Aussi paradoxal que cela puisse paraître, nous avons aidé des patients dépendants des jeux vidéo *via* Internet à gérer leur temps de connexion mais aussi l'intensité de cette connexion. Cette démarche a été le résultat des demandes issues de nos patients dès que le phénomène des jeux vidéo *on line* a pris une ampleur importante, vers la fin des années 1990.

Lors des premiers entretiens qui se font en face à face, nous procédons à une évaluation de la pertinence du diagnostic de cyberdépendance, du degré de cette dépendance et de la motivation des patients à être pris en charge. Nous avons mis en place un schéma de soins avec un planning des entretiens et les objectifs à atteindre. Après quelques entretiens, nous procédons à la mise en place de l'espace e-thérapeutique *via* le mail, les chats ou plus récemment Skype. Les séances à distance se déroulent *via* les ordinateurs des patients et celui du thérapeute, avec une analyse des comportements dans le jeu, une appréciation quantitative (le temps passé en ligne) mais aussi qualitative (l'intensité de la partie et les activités réelles passées ayant disparu du fait de cette addiction). L'analyse de ces données, effectuées avec les patients, nous permet d'établir et d'ajuster en permanence le programme de gestion. Bien évidemment, les entretiens réels se déroulent de manière régulière en cabinet ou dans la consultation hospitalière, avec une analyse des comportements, du réinvestissement dans la vie réelle.

Schématiquement, une TAO pour les cyberaddicts se déroule en plusieurs phases :

1. Consultations et screening en face à face :
   a. évaluation de la demande ;
   b. évaluation de la pertinence du diagnostic ;
   c. évaluation d'éventuelles comorbidités psychiatriques (troubles anxio-dépressifs, troubles obsessionnels, agoraphobie et phobie sociale) ;
   d. évaluation du niveau de stress ;
   e. échelle de motivation ;
   f. analyse fonctionnelle ;
   g. évaluation cognitive et comportementale.
2. Mise en place de l'espace e-thérapeutique, *via* mail, chat ou Skype.
3. Séances *on line* en alternance avec une réévaluation régulière en face à face.
4. Consolidation.
5. Prévention de la rechute.

6. Mise en place d'une thérapie de soutien (au cabinet ou par Internet).

TAO ET STRESS-ANGOISSE

Il s'agit des troubles anxieux survenant la plupart du temps durant au moins six mois, et concernant un certain nombre d'événements ou d'activités (tels le travail ou les performances scolaires). Les personnes concernées éprouvent des difficultés à contrôler ces angoisses. Les signes et symptômes associés sont :

1. agitation ou sensation d'être survolté ou à bout ;
2. fatigabilité ;
3. difficultés de concentration ou de mémoire ;
4. irritabilité ;
5. tension musculaire ;
6. perturbation du sommeil.

Selon le *Robert*, « le *stress* est un emprunt à l'anglais, qui a d'abord signifié épreuve, affliction, puis couramment pression, contrainte, surmenage ».

Le terme de stress est devenu un élément du langage commun, prouvant par là même son implication dans le fonctionnement social moderne et les contraintes inhérentes au fonctionnement de celui-ci. Qu'il soit vécu de façon positive comme mobilisateur d'énergie, élément indispensable à la motivation ou de façon négative comme inhibiteur des potentialités de chacun, synonyme d'épuisement et de dépression, cette notion de stress se trouve donc largement rencontrée.

Le terme de stress vient du latin *stingere* qui signifie « rendre raide, serrer, presser ». Ce terme sera par la suite présent dans la langue anglaise où il apparaît dès le XIVe siècle (Robert Mannying)

Au XVIIe siècle, stress veut dire état de détresse et renvoie à l'idée d'oppression, de dureté de la vie, d'adversité. Ce terme évoluera, renvoyant dès le XVIIIe siècle à l'idée de force, de pression, de charge et sera principalement utilisé au XIXe dans les domaines de la physique et de la mécanique par exemple dans l'étude de la résistance des matériaux.

À la fin du XIXe et au début du XXe, les travaux de Claude Bernard sur la physiologie du corps humain puis ceux de Walter Cannon avec la notion d'homéostasie mettent en évidence la propriété du corps à réagir aux agressions externes afin de maintenir ses équilibres vitaux. Ces données vont amener à rechercher les causes de ces déséquilibres et annoncent les travaux de Hans Selye.

En effet, la notion de stress est liée au nom de Hans Selye, physiologiste canadien d'origine autrichienne, qui va étudier les modifications psychophysiologiques consécutives à un choc violent (traumatique ou opératoire) : celles-ci se caractérisent par un état de tension aiguë qu'il appelle le stress, état de tension aiguë de l'organisme obligé de modifier ses défenses face à l'agression. L'ensemble de ces éléments sera regroupé par Selye, dès les années 1930, sous la dénomination de syndrome général d'adaptation posant ainsi les bases d'une approche biologique du stress. Après une première phase de choc que Selye appelle réaction d'alarme, va survenir une phase de résistance. Le problème est que l'adaptabilité n'est pas infinie et que, si le stress perdure, il va rapidement conduire à une phase d'épuisement des réponses possibles.

Au-delà de cette approche neurobiologique, d'autres dimensions du stress sont également bien présentes. Nous ne sommes pas tous égaux devant une même situation stressante et l'approche biologique ne peut pas rendre compte à elle seule de cette variabilité individuelle.

Ainsi, selon Lazarus, le stress ne peut être envisagé par un simple lien de cause à effet (un agent stressant provoque un stress), mais plutôt quand « il y a un phénomène perceptif dynamique et individuel plus important que l'effet de l'agent provoquant le stress lui-même ». La réaction à l'agent stressant serait également fonction de la façon dont l'information est traitée et le traitement de cette information serait fonction de facteurs individuels mais aussi contextuels et socioculturels.

Ainsi donc l'étude du stress doit être une approche bio-psycho-sociale cherchant à rendre compte de l'ensemble des déterminants prévalant aux stratégies d'adaptation que chacun d'entre nous développe face aux situations reconnues comme stressantes.

L'utilisation des techniques d'e-thérapie permet la mise en application de techniques d'adaptation et d'ajustement individuelles ou de groupe, avec une maîtrise graduée des situations difficiles et une élaboration des anticipations. D'autre part, elles sont également compatibles avec certaines activités professionnelles envahissantes ou par lesquelles les patients se sont fait déborder et elles peuvent ainsi constituer, dans un premier temps, le début d'un lien thérapeutique.

TAO ET PHOBIE SOCIALE

La phobie sociale est caractérisée par une anxiété extrême provoquée par l'exposition à une situation de performance ou à un milieu social. La phobie sociale est souvent un comportement acquis, suite à l'exposition précoce (petite enfance ou adolescence) à un environnement familial non sécurisant, avec une diminution des expériences de sociabilisation. On rencontre ce type de pathologie chez des personnes soumises à des conditions de réussite en situation forcée (étudiants, mais aussi de plus en plus souvent dans le monde du travail). Les personnes présentant cette phobie s'isolent, développent un véritable repli sur soi, au détriment d'activités socialisantes, valorisantes. Il en résulte un véritable tableau clinique dépressif marqué par la culpabilité, la dévalorisation, le repli, l'enfermement [11].

Il est intéressant de souligner que le concepteur de la phobie sociale, notre collègue et ami Marks, fut le premier à avoir mis en place des thérapies de groupe en face à face suivies d'e-thérapies. Il est à l'heure actuelle celui qui a la plus grande expérience dans ce domaine et dans la prise en charge d'autres pathologies psychiatriques que nous allons exposer. En ce qui concerne le traitement de la phobie sociale, Marks souligne l'importance des séances en face à face suivies de séances *on line*, des e-mail de support de la part du thérapeute et la mise en place de thérapies de groupe, ces dernières ayant lieu au cabinet du médecin et ensuite *via* les groupes de chat *on line* ; ces séances sont centrées sur l'exposition, d'abord en imagination et ensuite de manière graduelle – une exposition *in vivo* –, dans des groupes de parole, des réunions. Un point très important est le travail de relaxation avec un réapprentissage des techniques respiratoires, *via* des chats par Skype ou avec des enregistrements audio/vidéo.

Les e-thérapies permettent la mise en application des techniques d'immersion (*flooding*), le patient étant submergé progressivement par des situations angoissantes, avec une maîtrise calculée de ses émotions et anticipations.

TAO ET STRESS POST-TRAUMATIQUE

Nous avons déjà abordé le sujet du stress post-traumatique (PTSD) et les applications récentes de la réalité virtuelle dans la prévention et dans la prise en charge de ces troubles.

Le PTSD survient après des événements vécus comme traumatisants par le sujet. La personne a été confrontée à des événements qui ont impliqué la mort ou une menace de mort, des blessures graves ou une menace de son intégrité physique ou de celle d'autrui. Cela se traduit par un syndrome associant peur intense, détresse, horreur. Quelque temps après le traumatisme, apparaissent les signes suivants :

– souvenirs répétitifs et envahissants de l'événement incluant des images, pensées, perceptions ;

– rêves répétitifs et pénibles de l'événement ;

– impression ou agissement soudain comme si l'événement traumatique se reproduisait ;

– intense détresse psychologique lors de l'exposition à des stimuli internes ou externes ressemblant à un aspect du traumatisme ou symbolisant celui-ci ;

– réactivité physiologique lors de l'exposition à des stimuli internes ou externes ressemblant à un aspect du traumatisme ou le symbolisant ;

– un évitement persistant des stimuli associés au traumatisme avec un émoussement de la réactivité générale (non présent avant le trauma) qui s'expriment par des attitudes d'évitement des activités ou même des pensées en lien avec cette situation traumatisante, un émoussement affectif et parfois des signes d'hyperactivité/irritabilité.

Cette entité clinique est décrite très précisément chez les vétérans de la guerre du Vietnam, mais aussi chez des survivants d'attentats, d'accidents de la route et les victimes d'agressions physiques. Il apparaît très intéressant d'utiliser les TAO pour la prévention et la prise en charge de ces troubles. La confrontation en virtuel aux représentations réelles du traumatisme qui se manifestent sur le mode de la reviviscence permet d'identifier et évaluer – par le thérapeute mais surtout par le patient – les signes annonciateurs, les anticipations et les attitudes qui en résultent. La mise en place de stratégies d'adaptation face au PTSD se réalise par l'intermédiaire de la TAO mais aussi par une facilitation du langage. En effet, la mise en évidence des pulsions et fantasmes, des reviviscences qui se manifestent en cas d'exposition *via* l'ordinateur, réalise une véritable catharsis qui permet aux patients de mieux vivre l'angoisse et le déroulement réel ou imaginé de son traumatisme.

CHAPITRE VII

Clinique et prise en charge

La pathologie de l'excès

Nous sommes à une époque où les notions d'excès, d'extrême, de dépassement de soi, de comportement hors limite sont vendeuses. La télé-réalité permet bien souvent pour les téléspectateurs de vivre l'excès par procuration, tranquillement assis dans leur fauteuil. Et lorsque tel candidat mange des chenilles, c'est la France entière (en tout cas celle qui regarde) qui mange des chenilles ou s'imagine le faire. Mais l'excès prend d'autres dimensions que dans le monde de l'image et du divertissement. Il est aussi la question à laquelle l'adolescent en construction se doit de répondre.

La notion d'excès est une notion difficile à cerner car elle est tout sauf une notion médicale. Elle renvoie à un certain nombre de coutumes, d'usages du plus grand nombre qui, parce qu'ils sont faits par le plus grand nombre, constitueraient une norme. Au-dessus de cette norme nous serions dans le domaine de l'excès. Nous avons vu que l'addiction en général et la cyberaddiction en particulier sont une relation de dépendance plus ou moins aliénante, plus ou moins acceptée. Tout réside alors dans ce plus et ce moins. Ce sont ce plus et ce moins qui vont colorier ce que l'on appelle le spectre des addictions dont on ne sait plus si ce terme de spectre renvoie à un dégradé de couleurs ou à une notion de fantôme qui viendrait hanter notre clinique et le discours politique.

L'excès serait à mettre en perspective avec trois autres termes cherchant à quantifier les comportements : usage, abus et dépendance, dont nous parlions en début d'ouvrage avec Véronique Nahoum-Grappe.

Il nous semble cependant nécessaire de revenir à nouveau sur ce côté quelque peu arbitraire de la définition du trop que serait tout ce qui est au-dessus de la norme. Ce problème se pose d'ailleurs plus dans les addictions sans drogue. En effet, dans le cadre des toxicomanies classiques, comme l'héroïnomanie, la norme est définie par la loi dans la mesure où l'usage d'un produit comme l'héroïne est interdit. Ainsi, en consommer, ne fût-ce qu'un petit peu, c'est déjà trop, puisque la norme est de n'en consommer pas du tout.

Cette méthode de détermination de la norme montre rapidement ses limites. En effet, comment définir une limite vis-à-vis de produits dont l'usage n'est pas interdit ? Ce fut toute la difficulté avec l'alcool. Dans le cas de ce produit il fallut définir une norme chiffrée. Ce fut le taux d'alcoolémie. La variation à la baisse de ce taux (passant de 0,8 g à 0,5 g) marque le côté arbitraire de cette norme. En effet, cette baisse renvoyait dans le cadre de l'illégal et du délit un comportement antérieurement accepté.

Pour ce qui est du domaine des addictions sans drogue, la définition de la norme et donc du comportement pathologique peut paraître encore plus difficile : à partir de combien d'heures les parents doivent-ils s'inquiéter de l'usage d'Internet fait par leurs enfants ? La passion est-elle une dépendance ? Qu'est-ce qu'un comportement pathologique ? Nous avons déjà apporté un certain nombre de réponses notamment par rapport à la traduction au quotidien de l'addiction : centration, perte des autres pôles d'intérêt, repli sur soi, déscolarisation, diminution, voire perte des liens familiaux, affectifs, sociaux, etc.

Au bout du compte, la norme serait à définir en fonction d'un niveau de souffrance, d'une perte de communication, c'est-à-dire sur une base qualitative plutôt que d'un point de vue quantitatif. On ne peut en effet se contenter d'une définition où l'excès serait ce qui dépasse le nécessaire.

L'excès est une violence infligée à soi-même et, dans le cas des addictions, également infligée aux autres, à l'entourage. Cette violence infiltre la relation et parasite l'analyse des codes qui nous relient à l'autre. Elle est une atteinte à la qualité de la relation, aux accords préalablement établis, aux équilibres patiemment construits. C'est pourquoi l'étude de la relation entre parents et enfants et l'évaluation de la qualité de ce lien sont tout à fait primordiales dans le cas qui nous intéresse.

Les dangers d'Internet et la pathologie du lien

Nous nous sommes efforcés de situer le rapport à Internet sur les aspects de son usage, de son mésusage et de l'addiction.

Beaucoup de questions sur ces sujets nous sont posées par les parents, inquiets des dangers réels ou supposés que l'usage d'Internet peut représenter. Les interrogations tournent autour du contenu des sites, dans des jeux vidéo violents, autour des fréquentations virtuelles mais avec un véritable impact dans la réalité. Les sites de socialisation ou les nombreux chats véhiculent le plus souvent une image déplorable, car il n'est pas rare de percevoir les passages sur ces sites de personnes plus ou moins bien intentionnées, avec parfois des cas de véritables prédateurs sexuels.

Bien évidemment, ces faits trouvent un écho marqué par l'inquiétude chez beaucoup de parents, qui sont souvent désemparés face au

Web, par un manque de connaissances ou par une absence de temps.

Les questions des parents tournent au sujet de l'interdiction d'accès au Web, sur les modalités d'établissement d'un contrôle parental, des degrés de dangerosité de tel ou tel jeu ou site de chat. Nous essayons tout d'abord de comprendre leurs inquiétudes, de traduire et de mieux comprendre le fondement de ces interrogations, les éléments associés qui augmentent leurs soucis (baisse des résultats scolaires, absentéisme, mauvaises fréquentations, modifications dans le comportement de leur enfant, violence, repli sur soi...). Dans certains cas, les parents distinguent aussi les risques de désocialisation, la crainte d'une dépersonnalisation de leurs enfants.

Les réponses que nous apportons ont un étayage basé sur notre pratique quotidienne, sur les différentes expériences cliniques que nous avons observées au fil des années. Souvent, des explications et des éclaircissements suffisent à redonner confiance et à rétablir un dialogue avec leurs enfants.

En effet il s'agit d'insister sur le maintien et le renforcement du lien, ceci dans le contexte d'une véritable problématique sociétale engendrée par des liens dysfonctionnels au sein des familles, entre les individus, mais surtout au niveau des relations interpersonnelles. Nous l'avons souligné, la cyberaddiction se manifeste par une focalisation vers un centre d'intérêt qui devient exclusif – Internet – mais aussi par l'apparition des dépendances interpersonnelles. Les jeux ou les groupes de discussion renforcent ce sentiment d'appartenance groupale, comblent le vide identificatoire des usagers et permettent le tissage de relations plus ou moins sérieuses. Sur cet aspect, Internet apparaît dans la plupart des cas comme un formidable outil de socialisation et de partage, facette que nous devrons montrer aux parents, afin de les rassurer et de leur permettre de mieux partager eux-mêmes avec leurs enfants.

Dans le cas de désocialisation des jeunes, qui se retrouvent confinés et isolés devant leur écran, nous seront amenés à proposer du soutien thérapeutique pour les parents et leurs enfants. Dans certaines situations plus graves, nous mettons en place avec les parents des jeunes mineurs des stratégies de contrôle, de maîtrise de l'outil.

Du côté des jeunes usagers, les risques liés à Internet sont souvent corrélés aux mauvaises rencontres sur les sites de partage et de socialisation. Il n'est pas rare que des jeunes nous fassent part d'expériences difficiles vécues, certains gardant un souvenir traumatisant de ce type de rencontres.

Mais le plus souvent les jeunes – en consultation ou à travers des débats sur le sujet de la cyberaddiction – mettent en évidence le côté extrêmement ludique et fantastique du monde Web, des liens sociaux qui se créent des véritables amitiés liées grâce aux guildes de leurs jeux favoris. Comme pour les autres sujets d'inquiétude de leurs parents, ils demandent un rétablissement du dialogue avec ceux-ci, de la compréhension et l'exclusion des idées préconçues. C'est peut-être dans ces demandes que nous pourrons aider les jeunes et leurs parents à rétablir le dialogue mais surtout à recréer du lien.

Vignettes cliniques

Nous avons vu, dans les chapitres précédents, se dessiner des comportements pathologiques avec leur cortège de souffrances. Comme pour toutes les addictions sans drogue, ce sont les patients eux-mêmes qui ont été demandeurs de consultation et de soutien avec ce type de discours : « Je ne suis pas toxicomane, mais je ne peux me passer d'Internet (ou des jeux vidéo, ou des chats, peu importe). Cela me prend tout mon temps et je ne parviens pas à arrêter tout seul. Comme vous avez une certaine expérience de la dépendance, je viens voir ce que vous pouvez faire pour moi. »

Les patients ont à juste titre repéré leur pathologie de dépendance. Et la prise en charge d'un addict aux NTIC est assez semblable à celle d'un consommateur de produit. La seule différence, nous l'avons déjà souligné, est le retentissement social, car être accro à Internet est moins stigmatisant que d'être accro à l'héroïne.

Dans les deux cas, à un moment où à un autre, se posera la nécessité d'une prise en charge psychothérapeutique, de soutien et d'accompagnement.

Le patient devra en effet chercher la réponse à certaines questions qui peuvent paraître évidentes, ridicules, accessoires, mais qui ne le sont pas du tout. Nous pourrions citer parmi elles :

– Comment êtes-vous devenu dépendant ?

– À quoi vous sert cette dépendance ?

– Pourquoi voulez-vous arrêter ?

– Comment pensez-vous vivre sans ?

– Que pouvez-vous ou voulez-vous mettre à la place ?

Cette liste de questions ne constitue bien évidemment pas un planning ou un calendrier de prise en charge et n'est pas non plus exhaustive mais elle traverse la prise en charge à chacun de ses moments.

Ce travail est certes difficile mais il est le passage obligé vers la résolution de ces problématiques. Il se fera dans le cadre d'une relation thérapeutique entre un thérapeute et son patient. Cette relation est une véritable alliance.

Une alliance contre quoi ? Du point de vue du patient, c'est une alliance contre l'objet Internet qui, par l'usage excessif qu'il en fait, l'empêche de vivre. Cette alliance est toujours à rechercher même dans le cas où la demande d'aide paraît moins évidente. Les jeunes accros aux jeux vidéo, par exemple, qui semblent tellement hors d'atteinte, étrangers à toute demande, ne sont pas toujours aussi hermétiques que cela car ils sont tristement bien placés pour juger de la quantité de souffrance que génère leur comportement.

Une alliance contre qui ? Il s'agit de faire alliance avec cette partie saine, raisonnable, socialisable du patient, contre cet autre lui-même qu'il décrit comme incapable de volonté, incapable de ne pas succomber à l'excès, en proie à ce vice que les autres jugent inacceptable et mortifère. C'est donc une alliance avec un allié bien particulier qui trouve en lui-même son pire ennemi. Partant de là, un des rôles du thérapeute est d'être le dépositaire de cette « guerre civile intérieure » dont son patient est l'objet et le lieu. Cette guerre entre la partie saine et la partie malade de l'individu explique pourquoi les personnes addicts peuvent ressentir avec la même force, la même conviction, la même sincérité à la fois la nécessité d'arrêter et l'impérieux besoin de continuer. C'est souvent cette ambivalence qui explique la disqualification de ces patients auprès de leur entourage. Celui-ci pense qu'il ne s'agit en réalité que d'un manque de volonté ou de l'expression d'un vice. La compréhension par les parents de cette dualité, de ce déchirement auxquels est soumis leur enfant participe pour beaucoup de l'aide qu'ils peuvent lui apporter.

Bien souvent, la prise en charge visera dans un premier temps non pas l'arrêt du comportement addictif mais sa diminution. Une sorte de gestion de l'excès. La gestion marquant le retour ou l'acquisition de la maîtrise. Ce que nous chercherons à atteindre, c'est le rétablissement d'une aptitude à choisir, c'est le rétablissement de ce que le Pr Claude Olievenstein appelait la « démocratie psychique ».

Cette possibilité de choix ne sera de retour que lorsque le patient aura compris à quoi lui sert son addiction. Quel type de problème elle a permis de résoudre dans un premier temps, ou quel type de difficulté elle a permis de surmonter.

En effet, il est fondamental pour tous les thérapeutes mais aussi pour tous les parents de comprendre que l'addiction Internet, comme toutes les addictions, est une solution avant de devenir un problème.

Les quelques cas que nous présentons en sont une illustration.

AYMERIC* OU LA CYBERADDICTION COMME RÉPARATION

Aymeric est un jeune homme de 35 ans venu en consultation sur les conseils de son amie celle-ci ayant appelé pour trouver un spécialiste de la dépendance. Elle décrit son compagnon comme très accro aux jeux vidéo et aux chats avec différents groupes *on line*.

---

* Dans la présentation des cas qui suivent, les prénoms ont été changés.

Lors de notre premier entretien, Aymeric fait part d'une véritable boulimie pour l'Internet. Il décrit avec enthousiasme le riche contenu du Web et les possibilités incommensurables des rencontres virtuelles et d'enrichissement intellectuel à travers des millions de pages. Mais le plus fascinant pour lui reste le domaine des jeux vidéo, surtout les jeux à contenu violent.

Aymeric est enseignant, en arrêt de maladie longue durée depuis un an et demi, suite à un effondrement et un épuisement psychique, dont la cause serait la surcharge de travail. Ancien joueur de tennis classé, il ne pratique plus de sport depuis cet arrêt de travail. Il passe son temps à la maison, refusant toute autre activité sociale, enfermé dans les jeux vidéo et dans le surf sur les chats. Il avoue être inquiet de cette situation, la raison qui le tracasse le plus étant un quasi-désinvestissement de sa vie de couple et de la relation avec ses deux enfants. Il donne comme explication son *burn-out* professionnel.

Aîné d'une fratrie de deux garçons, il décrit une vie familiale excellente, avec des parents toujours aimants et un frère, cadet de deux ans, qui s'inquiète aussi beaucoup.

Nous nous reverrons régulièrement pendant quelques semaines, l'accent étant mis au début sur des stratégies de contrôle de ses connexions Web, avec l'établissement d'un programme et de tâches concernant le temps et le type de sites à fréquenter.

Lors d'un entretien Aymeric fait part de sa fascination pour des sites de jeux et des jeux vidéo très violents, son favori étant le GTA San Andreas, jeu truffé de scènes d'une violence extrême. Il aborde le sujet sur le versant de la catharsis, l'évacuation d'un contenu idéique personnel violent à travers la contemplation et la participation active dans le jeu. C'est lors de cet entretien qu'Aymeric mentionne le véritable motif de son arrêt de travail. Il a reçu des menaces en tant qu'enseignant, sur son lieu de travail, un établissement scolaire très difficile. Cette expérience a réveillé en lui un vécu traumatique lié à sa scolarité, période pendant laquelle il était devenu le souffre-douleur de ses camarades d'école. Il n'a jamais réussi à aborder le sujet des brimades avec ses professeurs ou ses parents, par crainte de représailles, mais aussi du fait d'un sentiment de honte, caractéristique chez la plupart des victimes de ce type d'expérience traumatisante. Dans ce contexte, l'agression qu'il a subie en tant que professeur lui a fait revivre les traumatismes de l'enfance. On peut diagnostiquer un cas typique de stress post-traumatique, avec une reviviscence des traumatismes anciens, amplifiés par une nouvelle expérience traumatisante, des attitudes d'évitement et de fuite et une forte irritabilité. Le résultat de ces expériences s'est concrétisé par une véritable phobie sociale, avec une avalanche de cognitions négatives et des émotions complètement bloquées et abrasées.

Travail thérapeutique

Il est évident que l'addiction apparaît comme une manière de réparation de cette phobie sociale mais aussi du vécu traumatique. La contemplation des sites portant des images très violentes, mais aussi des films et surtout des jeux vidéo très violents apparaît comme une manière cathartique d'évacuation des pulsions et des impulsions violentes que le sujet ressent régulièrement mais dont il a peur et honte d'avouer l'importance. Son activité sur les sites Internet apparaît à la fois comme un défoulement et une vengeance qui le protègent probablement de conséquences plus graves.

Son enfermement dans le mutisme, dans l'incapacité de communication et de partage des vécus, la fascination contemplative renforcent chez notre patient son isolement social et affectif. Il procède de cette manière, sur un mode inconscient, à la survictimisation avec un renforcement de son repli et des sentiments de honte et de dévalorisation.

Nous mettons en place une stratégie de contrôle du temps de jeu, du temps consacré à la consultation des chats et autres sites Internet, avec, pendant les premières semaines, l'application d'une grille d'évaluation de l'intensité de ses connexions. En parallèle nous procédons à une évaluation du vécu émotionnel face au jeu et aussi pendant les périodes d'arrêt.

Le travail d'évocation des situations traumatiques porte ses fruits, les résultats apparaissant assez rapidement. Ce travail d'évocation et la reconnaissance d'un statut de victime, avec une diminution de ses cognitions négatives (dévalorisation de soi, perte d'estime de soi qui lui faisait se répéter « … je suis nul, je suis responsable… »), permettent une meilleure tolérance à la frustration initiale ressentie par le patient qui s'estompe progressivement.

Un moment important dans le parcours de notre patient fut l'évocation de ces situations traumatiques avec sa compagne et sa famille. La crainte de jugement ressentie initialement laissa la place à un sentiment de satisfaction, de réalisation de soi.

Nous avons mis en place une prise en compte de ces situations de recherche cathartique *via* les jeux vidéo. Pendant quelques séances, nous avons étudié les séquences violentes qui présentent le plus d'intérêt pour Aymeric. Ensuite nous avons mis en place des enregistrements vidéo pendant le jeu avec une analyse des postures, des réactions et des mimiques du patient ; la confrontation en miroir avec son vécu dans le jeu a permis de créer un *feed-back* négatif, avec une diminution progressive de l'intensité et de la participation affective dans le jeu et surtout un important contrôle des émotions, négatives pour la plupart, ressenties pendant le jeu. Ce type de confrontation à ses propres pulsions *via* une immersion dans le jeu a toujours apporté des résultats positifs dans la prise en charge des patients passionnés par des jeux violents mais aussi les phobiques sociaux devenus cyberdépendants par ennui et difficulté d'intégration.

Le deuxième symptôme clinique invalidant chez Aymeric était la phobie sociale, avec l'enfermement communicationnel derrière l'écran. Nous avons mis en place avec notre patient, durant la période située entre deux séances en face à face, une consultation par webcam, avec une analyse fonctionnelle continue des situations stressantes et des émotions ressenties. L'intervention consistait surtout en un monitoring de ses pensées négatives, des comportements d'évitement et surtout de ses anticipations et ruminations anxieuses. Pendant les séances en face à face, au cabinet, nous analysons ensemble le vécu et les manières d'y remédier – confrontation en imagination et ensuite en réalité avec les craintes phobiques (sortir de chez soi). Après une période de blocage qui dura environ deux mois, les progrès se sont manifestés, le patient commençant à sortir de chez lui, faire des courses, chercher ses enfants à l'école.

Actuellement, après deux ans de prise en charge, Aymeric a repris son travail d'enseignant dans un autre établissement d'enseignement public. Il a été, à deux reprises, confronté à des situations difficiles mais il a su montrer à chaque fois de la patience et une capacité de gestion de ses émotions qui lui ont permis de faire face sans problème. Ces épisodes le confortant dans son évolution et dans ses capacités de réaction.

BRICE OU LA CYBERADDICTION COMME COMPENSATION

Brice est un jeune homme qui vient consulter pour une problématique liée aux jeux vidéo, suite aux conseils de son père qui a consulté, *via* Internet, les pages francophones et anglophones faisant référence à ce sujet. Son père, médecin, était désorienté vis-à-vis de la pathologie de son fils et quelque peu dubitatif quant à l'existence d'une dépendance possible au jeu vidéo. Nous devrons souligner qu'il s'agit d'un des premiers patients reçus dans cette nouvelle consultation, en 2000.

Le jeu fréquenté par Brice était Everquest. Comme nous l'avons préalablement souligné, ce jeu se situe dans un univers imaginaire médiéval parsemé d'objets magiques et de monstres fantastiques. Avant d'entrer dans le monde, le joueur doit choisir une race (humain, gnome, troll, ogre, elfe, homme-lézard) et une classe (guerrier, rôdeur, paladin, sorcier, voleur).

L'aspect principal du jeu est de progresser en affrontant les monstres, ce qui permet d'acquérir de l'argent, des objets et des points d'expérience. Pour Brice, l'intérêt principal de ce jeu est de donner accès à un vaste monde virtuel dans lequel chaque joueur peut choisir son rôle et son identité. Il peut également choisir de participer à la vie d'une guilde dans le but de se créer un réseau social.

Dans un courrier que Brice nous présenta lors de sa première consultation, le père expliquait tous ces détails et demandait de l'aide. Nous remarquerons que, pour autant, il ne s'était pas déplacé.

Quand nous le rencontrons, Brice a la trentaine, un physique de « nounours », grand et fort, avec un visage très jeune. Il parle d'une voix avec des inflexions de jeune pubère.

Lors de ce premier rendez-vous, il explique avoir déjà consulté plusieurs spécialistes, sans résultats particuliers. Il est peu optimiste quant à l'issue de ce premier entretien, disant même que « le premier [RDV] sera le dernier ». Il fait pourtant preuve de beaucoup de recul, voire d'autoanalyse exposant sa situation de manière très synthétique. Il parle des problèmes créés par le jeu du fait de la durée et de l'intensité de ses connexions sur son site, et de son parcours scolaire et professionnel difficile.

À la fin de l'entretien, Brice nous demande notre avis quant à sa dépendance et le degré de « gravité » de celle-ci. Nous lui faisons remarquer que la dépendance dans son cas n'est que secondaire et l'expression d'une problématique personnelle et familiale qui doit être explorée et réglée. Cela le laisse perplexe. Cependant c'est lui-même qui nous donne ses disponibilités pour le prochain rendez-vous.

Problématique personnelle

Brice a commencé à jouer aux jeux vidéo classiques, de type jeux d'arcade, vers l'âge de 15 ans, avec un camarade de lycée. Au début, le jeu gardait un caractère purement ludique, avec la découverte des réseaux et des groupes qui se mettaient en place. Petit à petit, Brice devint un vrai stratège dans les différents jeux, le temps et l'investissement qui leur étaient consacrés devenant de plus en plus importants.

Il obtint son bac, malgré une chute spectaculaire de ses résultats, et partit faire des études (pharmacie, médecine, compta...), sans jamais obtenir le moindre diplôme, car trop investi dans les jeux vidéo.

De retour chez ses parents depuis environ deux ans, il vit dans une petite chambre aménagée dans le grenier de la maison, en retrait de toute vie familiale (repas décalés, heures de sommeil et de repos aléatoires). Il se décrit comme un 24/7, c'est-à-dire jouant 24 heures par jour, et 7 jours par semaine : permanence étonnante qu'il explique par la création des avatars de remplacement. Ces personnages secondaires de son avatar principal créent un cordon de protection face aux ennemis, laissant à Brice, ou plutôt à son avatar (ce qui revient au même en l'occurrence), quelque temps de repos. Il fait partie d'une guilde Everquest. Le personnage qu'il s'est créé et qu'il incarne est celui d'une jeune elfe, jolie et blonde. Il participe au jeu dans une démarche très altruiste et corporatiste. Seul le groupe compte, l'individu devant être prêt à se sacrifier pour les autres. Le choix d'être soignant sur le champ de bataille en est un exemple : sacrifier sa vie pour celle des autres. Il participe aussi à des jeux de rôle, de type Cluedo ou grandeur nature.

Sur le plan personnel, il exprime, au fil des entretiens, d'une manière très lucide et parfois cynique, un mépris de soi, de son corps et de sa lassitude, voyant comme une véritable tare l'investissement dans les jeux vidéo. Il n'a jamais eu de relations avec une fille et regarde ses années de lycée et son adolescence avec beaucoup de tristesse et de regrets. Il fait part de sa place de souffre-douleur pendant toute sa scolarité, d'un repli sur soi autoprotecteur, les jeux vidéo arrivant comme une échappatoire dans ce monde de brimades. Il l'exprime d'une manière très forte : « ... je n'existe réellement que dans le jeu et dans mon avatar... » Pas dupe, il est capable de souligner le caractère virtuel et dérisoire de son avatar et du monde du jeu.

Problématique familiale

Selon le récit de Brice, ses parents sont très âgés, mais il s'avère que leur âge est plutôt dans la moyenne. Cette perception engendre la remarque : « Mes parents sont vieux avant l'âge. »

Le père, comme nous l'avons indiqué, est médecin, décrit par Brice comme quelqu'un de très réputé et excellent dans sa spécialité. Sur le plan personnel, il apparaît comme élitiste et exclusif. Il fait partie des *self-made men* très fiers de leur réussite, qui doit être affichée à tout prix. Ses trophées sont sa maison, son cabinet, ses voitures et la réussite de son fils cadet, le frère de Brice. Brice se voit comme un échec sur le parcours de son père, comme une source de honte pour celui-ci. Rien dans ses faits et gestes n'est de nature à le valoriser aux yeux de son père, qui souligne sans cesse l'échec permanent et définitif de son fils.

Sa mère est femme au foyer et c'est elle qui s'est occupée de Brice et de son frère. Actuellement elle est très malade, maladie chronique découverte il y a trois ans. Plus tard, lors de nos entretiens, Brice craquera et nous expliquera qu'il s'estime responsable non seulement de la maladie mais aussi de la souffrance qu'il apporte à sa mère. Malgré le côté irrationnel de cette pensée, l'image qu'il a de lui est très noire, très culpabilisante. Il avoue avoir besoin d'oublier cette réalité, le jeu étant le seul moyen pour faire face à ces ruminations. Il n'y a pas de dialogue dans la famille, pas d'échange. Ce manque aboutit à une situation lourde à supporter pour lui. Il fait le constat d'une famille en apparence tout à fait normale socialement, mais sans véritable expression affective des sentiments et des émotions. Lui-même décrit, en plus de ce manque affectif – du côté paternel et maternel –, un véritable abrasement de ses sentiments et émotions propre, avec un blocage de toute expression.

Le frère de Brice, de deux ans son cadet, a toujours été la fierté de la famille. Brillant élève, il a sauté deux classes, et le choix des parents de les mettre ensemble à partir de la 4e a représenté pour Brice un choc qui l'a complètement déstabilisé et bloqué sur le plan de ses performances et de son investissement scolaires. Le frère a fait ses études dans l'une des plus grandes écoles de commerce de France, et est cadre supérieur chargé de missions très prestigieuses à l'international. Brice nous fait remarquer entre autres que, dans le bureau de son père, il y a trois photos : une du père, une du frère, la troisième étant celle du chien de chasse du père. Plus tard, lors de nos entretiens, Brice nous confie être dépositaire du grand secret de son frère – consommation chronique et massive de cocaïne et d'alcool. Selon Brice, il s'agirait d'un véritable secret de polichinelle, mais comme il le constate lui-même : « … dans les récriminations c'est plus facile de s'en prendre à un joueur raté, qu'à quelqu'un comme mon frère… »

Analyse de cas

À travers cet exposé, Brice apparaît comme un parfait exemple du joueur estimé accro par tout son entourage, désigné comme addict. Évidemment tous les critères psychiatriques peuvent s'appliquer parfaitement à son parcours mais nous retiendrons plus précisément cette présentation anxio-dépressive, avec un tableau clinique fait de situations d'évitement et de ruminations culpabilisantes. Son attachement au jeu est doublé par l'attachement à la communauté virtuelle des joueurs. Très immature, défaillant sur le plan narcissique et en faible estime de soi, Brice recherche un groupe contenant et des amitiés, fussent-elles virtuelles. La communauté virtuelle dont Brice fait partie est représentée par un groupe de gens qui peuvent ou ne peuvent pas se rencontrer dans un face-à-face, et qui échangent des mots et des idées par la médiation des Internet Relay Chat et des groupes de parole virtuels. Brice fait part au fil des entretiens de l'importance de ce groupe virtuel, du réconfort et de la compensation affective et narcissique que les dialogues virtuels lui ont apportés.

L'« aliénation » de Brice à ce groupe et au jeu apparaît finalement comme une excellente forme d'autothérapie, dans la recherche d'identités transitoires, lui permettant de mieux faire face et de construire de véritables solutions d'adaptation.

Travail thérapeutique

Il est évident que Brice présente une personnalité anxieuse, avec un tableau dépressif fait de culpabilité et de dévalorisation de soi. Le degré de sa dépendance, très élevée, peut représenter un handicap important dans sa vie quotidienne, sociale, mais surtout familiale. Brice fait part, à travers les entretiens, de son impossibilité d'envisager l'arrêt du jeu, son désir étant plutôt d'acquérir des moyens de gestion et de contrôle de celui-ci. D'autres aspects viennent se rajouter à ces constats, notamment les grandes difficultés relationnelles de Brice, dans sa vie d'étudiant ou dans la vie professionnelle, et une quête identitaire incessante.

Après évaluation, nous abordons la thérapie en utilisant le support du jeu comme médiateur thérapeutique. L'établissement d'un programme et la gestion des tâches temporelles (le temps de connexion au jeu, l'accomplissement d'autres activités) sont mis en place dès le début. Nous insistons sur l'importance d'une meilleure hygiène de vie concernant l'alimentation et le sommeil de même que sur la reprise d'une activité physique.

L'essentiel de la prise en charge sera le contact avec la communauté virtuelle et l'importance de l'établissement d'autres amitiés dans la vie quotidienne. Après quelques mois de prise en charge, Brice nous annonce, très fier, être l'instigateur d'une réunion réelle, dans un restaurant parisien, avec pour invités quelques amis « virtuels » ou plus précisément des amis rencontrés dans le jeu. La première réunion s'est très bien passée, avec la décision unanime de se revoir chaque mois.

Cette première réussite nous a permis d'aborder l'énorme faille narcissique de notre patient. L'une de ses cognitions sans cesse présente étant « je ne suis pas aimable », nous avons travaillé sur un renforcement de l'estime de soi, avec la mise en évidence de véritables ressources positives, de désirs et de projets. Les relations nouées avec les autres membres de la guilde ont été très bénéfiques pour ce travail de reconstruction, Brice trouvant un véritable réconfort dans les dialogues virtuels mais aussi dans les contacts mensuels avec ceux qui sont devenus des amis réels.

Un dernier point, celui de son identité dans le jeu, pourrait nous interroger. Brice a abordé très sereinement son désir d'être une elfe. Par association d'idées, Brice en vient à aborder la frustration et le regret de ses parents, fréquemment exprimés par eux, de ne pas avoir eu une fille.

Après deux ans de prise en charge, Brice a commencé à travailler dans le domaine de l'informatique, comme employé d'une entreprise de dépannage en micro-informatique. La découverte de ce travail fut une source de plaisir et de satisfaction.

DANIEL OU LA CYBERADDICTION COMME ÉVITEMENT DE LA RÉALITÉ

Daniel est un jeune homme qui vient en consultation accompagné par ses parents. Ceux-ci présentent un tableau très noir : celui d'un jeune ayant réussi son bac avec mention, qui a commencé des études d'ingénieur, mais qui actuellement (il a 22 ans) a tout arrêté et travaille dans une salle de jeux. Ce n'est pas le niveau social bas de ce travail qui les inquiète le plus, mais plutôt la dépendance au jeu de leur fils.

En entretien individuel, Daniel reconnaît que c'est lui qui a demandé à ses parents de l'accompagner car il avait très peur de ne pas aller au bout de sa démarche.

Daniel se présente comme un jeune homme d'aspect frêle, avec un « look de premier de la classe » (dont il souffre). Il parle très lentement, en regardant tout le temps par terre, dans une attitude d'évitement vis-à-vis du regard du thérapeute.

Il décrit une passion dévorante pour le jeu, avec un investissement énorme dans les jeux vidéo. Dans le même temps, il évoque le désinvestissement complet de toute activité sociale, professionnelle et scolaire avec l'abandon de ses études et le choix du travail qu'il exerce actuellement. Son investissement a atteint son paroxysme depuis environ deux mois en faisant des parties non-stop qui durent entre 48 à 72 heures et que Daniel qualifie de « performances », sur des jeux en réseau avec des partenaires inconnus.

Il a atteint un très haut niveau dans les jeux en univers persistant comme Everquest et fait partie de la meilleure guilde.

Au cours des entretiens réguliers que nous mettons en place, il décrit sa découverte des jeux vidéo vers l'âge de 14 ans. Cette époque coïncide avec un changement de collège et la rencontre d'un petit groupe de copains, groupe qui ne correspondait pas aux critères exigés par ses parents. Mais ses copains ont des résultats scolaires assez faibles et de plus Daniel avoue à ses parents qu'il a commencé à fumer (le tabac dans un premier temps et quelques joints par la suite). Face à ces aveux, ses parents lui interdisent de les fréquenter et son père décide de lui acheter le *nec plus ultra* des ordinateurs avec une dizaine des meilleurs jeux vidéo. Daniel dit avec humour que son père aurait préféré le voir accro aux jeux que de le voir fumer ne serait-ce qu'une « taffe de shit ».

C'est à cette époque qu'il tombe dans une sorte d'état d'apathie, qu'il dit être la conséquence de l'échec de son premier grand amour. Il commence à chatter jour et nuit. Essentiellement la nuit, lorsqu'il est seul dans le salon de la maison. Il reste en moyenne trois heures d'affilée en communication. Il fait beaucoup de rencontres et décide à plusieurs reprises de se faire passer pour une jeune fille, afin, dit-il, de tester les réactions des autres hommes. Il joue à cette époque environ 10 heures le week-end, et commence de plus en plus à remplacer le chat par des heures de jeux.

Dans le cadre de la thérapie ; il aborde la question de la communauté virtuelle, des amis virtuels, et semble d'accord sur le fait que l'enfermement dans les chats et dans le jeu vient aussi d'un certain refus des relations sociales « normales », et le désir d'un refuge dans le cybermonde. Il parle, après deux mois d'entretiens, de ce monde comme du meilleur des mondes, pour ses aspects solitaires, mais surtout par l'absence de toute contrainte.

Actuellement, dans son jeu, il dit avoir beaucoup d'amis, mais il reconnaît n'avoir jamais rencontré en réalité un seul de ses contacts. Il confesse également qu'il n'aurait sûrement pas envie d'être « démasqué » pour son usurpation d'identité sexuelle.

La question qui se pose sans cesse est celle de son rapport à la réalité. Il ne veut pas, ou n'arrive pas à élaborer cette notion, concluant que la réalité lui fait peur, par peur des contraintes, du jugement social de l'apparence physique.

Il explique son choix d'abandonner ses études par la rencontre avec un camarade qui a eu un héritage, camarade qui a lui aussi abandonné ses études après avoir acheté la salle de jeux où il travaille actuellement. Ce camarade (et patron) est aussi le leader de leur guilde. Daniel le décrit comme quelqu'un de très charismatique, non en tant que personnage réel mais en rapport avec ses capacités de chef de guerre dans le monde du jeu.

Daniel n'a plus aucune activité hors du jeu : plus de cercle d'amis, plus de copine (depuis au moins trois ans). Sa seule raison d'être, il en est convaincu, est le jeu et la passion du jeu.

La reprise en charge est en cours. Dans un premier temps Daniel a réduit le nombre d'heures passées à jouer. Mais il reste pour autant un fan de son jeu et est tout excité à l'idée qu'une nouvelle version va sortir.

ANTOINE OU LA CYBERADDICTION COMME SEXUALITÉ DE REMPLACEMENT

Antoine est âgé de 32 ans et vient en consultation pour des problèmes de couple. Il vit maritalement avec sa compagne depuis dix ans. Ils ont eu deux enfants.

Il évoque beaucoup de problèmes, liés selon lui, à une absence d'attirance physique envers sa compagne et au recours, de façon qu'il juge envahissante, à la cyberpornographie.

On note dans ses antécédents la consultation des revues pornographiques depuis l'adolescence et la consultation du Minitel rose pendant des années. Sa vie sexuelle a démarré tardivement (vers 22 ans), avec un premier rapport sexuel qu'il décrit comme « catastrophique » du fait d'une éjaculation précoce. Ce problème semblait être résolu après la rencontre avec sa compagne actuelle. Mais, suite à la naissance de leur deuxième enfant, il constata la réapparition de troubles sexuels.

Lors des entretiens Antoine se décrit comme un véritable addict sexuel, dans une absence quasi complète de contrôle des impulsions. Pour lui, la masturbation compulsive et le recours à la pornographie – magazines érotiques, consultation des sites Internet pornographiques devant l'écran du PC – sont le résultat de pensées obsédantes, de la culpabilité du non-désir vis-à-vis de sa compagne, d'un sentiment de dévalorisation mais surtout d'une image d'impuissance. Cette dernière pensée a même occasionné la prise de médicaments stimulants.

L'image de soi est visiblement altérée, Antoine se décrivant comme un être insignifiant, d'apparence moyenne, disant de lui-même : « Je suis fait pour ne pas plaire. »

La dimension autoérotique se traduit par une autostimulation obsessive et compulsive des parties génitales, à une fréquence de cinq masturbations quotidiennes depuis le mois qui précède sa première consultation. Tout cela se fait au détriment des rapports sexuels avec sa compagne. Celle-ci est au courant des problèmes de son conjoint, elle manifeste beaucoup de tristesse et essaie d'être rassurante.

Antoine révèle plusieurs aspects et motivations de la consultation des sites pornographiques. Le plus important est l'univers fantasmatique du Web, avec un énorme potentiel de projections et d'imagination. Se laisser substituer dans l'acte sexuel par des images sexuelles et vivre sa vie sexuelle par procuration, apparaît comme une constante courante chez tous les patients cyberaddicts sexuels que nous avons eu l'occasion de rencontrer en consultation. À cela s'ajoute un aspect tout aussi important à explorer sur un plan clinique : celui de la maîtrise de l'acte sexuel. En effet la masturbation procure un sentiment de toute-puissance et de contrôle de l'orgasme, situation que beaucoup de patients souffrant de troubles d'éjaculation précoce ont du mal à vivre dans les rapports sexuels avec leurs partenaires.

Une orientation vers un thérapeute familial a permis de mettre en place conjointement un suivi centré sur la problématique du couple.

Actuellement, et ce depuis environ trois mois, Antoine a beaucoup réduit la fréquence de la masturbation et de la consultation des sites pornographiques, avec une régularisation des rapports sexuels avec sa femme.

NOTES

PRÉFACE

1. Voir le site http://www.elioweb.com/statistiques-e-commerce-france.html

2. L'e-commerce est en croissance de 13 % au deuxième trimestre 2013, le 11 juillet 2013, voir le site http://www.journaldunet.com/ebusiness/commerce/e-commerce-q2-2013/19-de-transactions.shtml

INTRODUCTION

1. Paul Valéry, « La crise de l'esprit », in *Œuvres*, tome I, Paris, Gallimard, coll. « La Pléiade », 1957, p. 988-1014.

2. Joël de Rosnay, « La France et le cybermonde », *Le Monde diplomatique*, août 1997, p. 28.

3. Herbert Marshall MacLuhan, *The Gutenberg Galaxy : the Making of Typographic Man*, Toronto, University of Toronto Press, 1962.

4. Herbert Marshall MacLuhan, *War and Peace in the Global Village*, New York, McGraw-Hill, 1968.

5. Denis Richard, Jean-Louis Senon, *Dictionnaire des drogues, des toxicomanies et des dépendances*, Paris, Larousse, 1999.

6. Voir ec.europa.eu/information_society/index_fr.htm.

7. Sully Ledermann, « Alcool, alcoolisme et alcoolisation. Données scientifiques de caractère physiologique, économique et social », *Revue économique*, n° 5, 1957, p. 912-914.

8. Michel Reynaud, Philippe-Jean Parquet, « Les personnes en difficulté avec l'alcool », Rapport de mission 1998, Annexe 4, Paris, Éditions CFES, 1999, p. 241.

9. En juin 2006, 10 480 000 foyers français avaient une connexion Internet à domicile : chiffres Médiamétrie, juillet 2006.

10. Dan Véléa, « L'addiction Internet », communication à la 9e Journée départementale de réflexion sur les toxicomanies, Sarcelles, 18 octobre 1996, publiée dans la revue *Interventions*, n° 61, octobre 1997, p. 3-13 ; voir également Dan Véléa, Michel Hautefeuille, Daniel Maire, « La toxicomanie au Web, nouvelle conduite addictive », *Synapse*, n° 144, mars 1998, p. 21-28.

11. Alain Ehrenberg, *L'Individu incertain*, Paris, Calmann-Lévy, 1995.

12. Jean Baudrillard, *Simulacres et simulations*, Paris, Galilée, 1981.

CHAPITRE PREMIER. Les toxicomanies sans drogues

1. Otto Fenichel, *The Psychoanalytic Theory of Neurosis*, New York, Norton, 1945, trad. fr. *La Théorie psychanalytique des névroses*, Paris, PUF, 1953.

2. Marvin Zuckerman, *Sensation Seeking : Beyond the Optimal Level of Arousal*, New York, Erlbaum-Hillsdale, 1979.

3. Voir entrée « Dépendance » *in* Denis Richard, Jean-Louis Senon, *Dictionnaire des drogues, des toxicomanies et des dépendances*, Paris, Larousse, 1999, p. 129-142.

4. Constance Holden, « Behavioral addictions : do they exist ? », *Science*, vol. 294, 2 novembre 2001, p. 980-982.

5. *Ibid.*

6. *Ibid.*

7. Alain Morel, François Hervé, Bernard Fontaine, *Soigner les toxicomanes*, Paris, Dunod, 1997, p. 67-71.

8. Claude Olievenstein, *La Drogue*, suivi de *Écrits sur la toxicomanie*, Paris, Gallimard, coll. « Idées », 1978.

9. Véronique Nahoum-Grappe, « Abus », in *Dictionnaire des drogues*, *op. cit.*

10. Marc Valleur, Jean-Claude Matysiak, *Les Addictions. Dépendances, toxicomanies, repenser la souffrance psychique*, Paris, Armand Colin, 2002, p. 190-191.

CHAPITRE II. L'addiction Internet ou cyberdépendance

1. *L'Express*, 24 novembre 2005.

2. Donald Macintyre, « A Monkey on Korea's Back », *Time Magazine*, vol. 160, n° 25, 16 décembre 2002.

3. « Toxicomanie au Web », *Femme actuelle*, *réf. à venir.*

4. « Les nouveaux informateurs », *Epok*, n° 34, mars 2003, p. 54-59.

5. Voir le site www.amnistia.net qui se propose d'enquêter sur la « République de la pénombre ».

6. « Les nouveaux informateurs », art. cité.

7. Voir à ce sujet le site : www.cybersciences.com.

8. « L'utopie du cybermonde », interview France Culture avec Joël de Rosnay, Paul Virilio et Alain Finkelkraut, 4 décembre 1995.

9. Petra Wilson, « How to find the good and avoid the bad or ugly : a short guide to tools for rating quality of health information on the internet », *British Medical Journal*, vol. 324, n° 7337, 2002, p. 598-602.

10. Voir le site www.ffh.de.

CHAPITRE III. Les addictions cyberassistées

1. William Gibson, *Neuromancien*, Paris, La Découverte, 1985.

2. Alvin Cooper, Dana E. Putnam, Lynn A. Planchon, Sylvain C. Boies, « Online sexual compulsivity : getting tangled in the Net », *Sexual Addiction and Compulsivity*, vol. 6 (2), 1999, p. 79-104.

3. « The Web's dark secret », *Newsweek*, 19 mars 2001.

4. Mark Memmott, « Sex trade may lure 325 000 U.S. kids ; report : abused children, runaways typical victims », *USA Today*, 10 septembre 2001.

5. Sarah Finger, Kévin Boissezon, *La Mort en direct : les snuff movies*, Paris, Le Cherche Midi, coll. « Documents », 2001.

6. Dan Véléa, Michel Hautefeuille, « Les nouvelles drogues de synthèse empathogènes », *L'Encéphale*, vol. 25, n° 5, septembre 1999, p. 508-514.

7. Dan Véléa, « GHB, acide gamma hydroxybutyrique », *in* Denis Richard, Jean-Louis Senon, *Dictionnaire des drogues, des toxicomanies et des dépendances*, Paris, Larousse, 1999.

8. Dan Véléa, Michel Hautefeuille, *Les Drogues de synthèse*, Paris, PUF, coll. « Que sais-je ? », 2002.

9. « GHB, l'héroïne du pauvre », *L'Événement de jeudi*, n° 709, 4/10 juin 1998, p. 59-62.

10. Se reporter à ce sujet au chapitre V sur l'exploitation commerciale.

11. Michel Teman, « Japon : ils pactisent pour mourir », *Libération*, 1er novembre 2004.

12. http://investigation.blog.lemonde.fr/2005/05/17/2005_05_suicidecom/

13. Michel Hautefeuille : « Le dopage au quotidien », *Information psychiatrique*, vol. 84, n° 9, 2008, p. 827-834.

14. Gilles Valence, Alain d'Astous, Louis Fortier, « Compulsive buying : concept and measurement », *Journal of Consumer Policy*, 11, 1988, p. 419-433.

15. R.J. Faber, T.C. O'Guinn, « A clinical screener for compulsive buying », *Journal of Consumer Research*, 19, 1992, p. 459-469.

CHAPITRE IV. La cyberdépendance : une dépendance socialement acceptée

1. Michel Hautefeuille, « Dopage quotidien en entreprise », Interview, *Addictions*, n° 15, septembre 2006, p. 8-9.

2. Jeremy Rifkin, *La Fin du travail*, Paris, La Découverte, 1996.

CHAPITRE V. L'exploitation commerciale de la cyberdépendance

1. Rapport annuel disponible sur le site : http://annualreport2008.partygaming.com

2. http://blogs.guardian.co.uk/games/archives/2005/06/16/26500_virtual_property_owner_speaks.html

3. www.terranova.blogs.com

4. Voir par ailleurs Edward Castronova, *Synthetic Worlds : The Business and Culture of Online Games*, Chicago, University of Chicago Press, 2005.

5. Voir le site : www.facebook.com/terms/french.php, *Déclaration de droits et responsabilités*, 2.1, « Partage de votre contenu et de vos informations ».

6. Observatoire des drogues et des toxicomanies, *Rapport annuel 2009. État du phénomène de drogue en Europe*, Lisbonne, 2009, p. 103.

CHAPITRE VI. Ce qu'Internet change à notre vie quotidienne

1. Today's Gamers national surveys, « French national gamers survey 2009 » (www.gamesindustry.com).

2. Voir « Internet stress scale » (www.stresscure.com).

3. William Poundstone, *Les Labyrinthes de la raison*, Paris, Belfond, coll. « Sciences », 1990, p. 12.

4. Stéphane Barral, *Otaku, les enfants du virtuel*, Paris, Denoël, 1999.

5. Les noms ont été changés.

6. Disponible sur http://ntic.org/docs/guideinternet.pdf

7. Voir le site : pedagogie.actoulouse.fr

8. Voir par exemple : flashfabrica.com.

9. Isaac Marks, Susan Shaw, Richard Parkin, « Computer-aided treatments of mental health problems », *Clinical Psychology*, vol. 5, nº 2, 2006, p. 151-170.

10. Candida Graham, Abigail Franses, Mark Kenwright, Isaac Marks, « Psychotherapy by computer : a postal survey of responders to a teletext article », *Psychiatric Bulletin*, vol. 24, 2000, p. 331-332.

11. Isaac Marks, *Living With Fear : Understanding and Coping With Anxiety*, New York, McGraw-Hill, 1978.

TABLE

Composition et mise en pages : Facompo, Lisieux

Achevé d'imprimer en mai 2014
par Black Print CPI Iberica

Dépôt légal : juin 2014

Imprimé en Espagne